나눔에 생명이 있다

나눔에 생명이 있다

기획 | 월드휴먼브리지 (대표 김병삼)
지은이 | 김병삼, 김종원, 안광복, 임용택, 지성업
초판 발행 | 2022. 10. 17
등록번호 | 제1988-000080호
등록된 곳 | 서울특별시 용산구 서빙고로65길 38
발행처 | 사단법인 두란노서원
영업부 | 2078-3352   FAX | 080-749-3705
출판부 | 2078-3331

책값은 뒤표지에 있습니다.
ISBN 978-89-531-4333-3 03230

독자의 의견을 기다립니다.
tpress@duranno.com   www. duranno.com

두란노서원은 바울 사도가 3차 전도여행 때 에베소에서 성령 받은 제자들을 따로 세워 하나님의 말씀으로 양육하던 장
소입니다. 사도행전 19장 8~20절의 정신에 따라 첫째 목회자를 돕는 사역과 평신도를 훈련시키는 사역, 둘째 세계선
교(TIM)와 문서선(단행본잡지) 사역, 셋째 예수문화 및 경배와 찬양 사역, 그리고 가정·상담 사역 등을 감당하고 있습니다.
1980년 12월 22일에 창립된 두란노서원은 주님 오실 때까지 이 사역들을 계속할 것입니다.

나눔에 생명이 있다

김병삼 · 김종원 · 안광복 · 임용택 · 지성업 지음

나와 이웃을 살리는 자선

월드휴먼브리지 기획

두란노

차례

(가나다순)

○ 코로나 시대를 지나며 우리는 교회를 향한 세상의 시선을 뼈 아프게 체감했습니다. 이를 계기로 '우리가 진정으로 믿는 것이 무엇인지를 어떻게 세상에 보여줄 수 있는가'에 대한 고민을 하게 되었습니다. 목회를 하며 저는 수차례 만나교회 성도들과 '교회론' 에 대해 나눴습니다. 교회는 건물이 아니고, 우리는 교회의 담장을 넘어야 하며, 모이는 것이 아니라 흩어지는 교회가 되어야 한다는 것이었습니다.

그리고 이제 또 한 가지, 교회가 회복해야 할 모습을 고민하며 한걸음을 내딛습니다. 그것은 바로 많은 목사님과 함께 머리를 맞 대어 고민한 '기독교 자선'에 관한 것입니다.

교회가 회복해야 할 모습 가운데 하나는 '물질'에 대한 태도입 니다. 우리 그리스도인은 세상 속에서 살아가지만, 세상과 구별된 가치관을 보여 줘야 합니다. 그것이 우리의 의무입니다. 그 의무는 모든 영역에서 동일합니다. 지금 시대에 매우 민감하고 어려운 주 제일 수 있으나, 그렇기에 '기독교 자선'에 대한 교육은 반드시 필 요합니다. '물질'이야말로 그것을 가진 사람의 정체성이 무엇인지 명확하게 드러내기 때문입니다.

여러 목사님들과 함께 집필한 이 책을 통해 많은 교회와 성도들이 사회적 책임을 다하며 개인 신앙의 성숙과 실천을 이루기를 소망합니다. 우리 각 성도에게 '자선'이 다른 이의 이야기가 아닌 나의 이야기가 될 때, 교회가 세상 속에서 다시 빛과 소금의 역할을 감당할 수 있으리라 믿습니다.

김병삼_ 만나교회 담임목사, 월드휴먼브리지 대표

○ 제가 섬기는 교회는 '부흥을 꿈꾸며, 한 영혼을 제자 삼아, 세상을 변혁하는, 3대가 행복한 교회'입니다. 이 중 '세상을 변혁하는'의 비전을 통해 우리는 시선을 교회 안에만 가두지 말고 세상에 두어야 합니다. 그리고 위로부터 받은 은혜를 세상으로 흘려보내야 합니다. 나눔과 섬김이야말로 그 변혁의 출발이라고 믿습니다.

그리스도인은 나눔과 섬김을 통해 세상에 선한 영향력을 끼침과 동시에 믿지 않는 영혼을 구원하는 궁극적 사명을 감당해야 합니다. 이러한 사역의 이론적 토대를 책으로 엮어 정리하게 되어 매우 기쁩니다. 나눔과 섬김은 일상 속에서 하나님께 드리는 최고의 예배이고, 회개의 열매이자, 내려오는 삶의 실천이며, 진정한 축복입니다.

존경하고 사랑하는 여러 목사님과 함께 본 주제를 함께 논의하며 고민하는 시간은 참으로 행복했습니다. 이 모든 과정과 결과를 허락하신 하나님께 영광을 올리며, 이 책이 오늘을 살아가는 그리스도인들에게 작지만 분명한 삶의 지표가 되길 소망합니다.

김종원_ 경산중앙교회 담임목사, 대경월드휴먼브리지 대표,
월드휴먼브리지 공동대표

○ 자선은 나 자신을 살리고 세상을 행복하게 만드는 하나님의 선물입니다. 받는 기쁨에만 익숙해진 우리에게 주는 기쁨, 섬기는 감동을 알게 하는 것이 바로 자선의 축복입니다. 알면서도 못하는 데에는 여러 이유가 있을 텐데, 특별히 좋은 모델이 없었거나 구체적인 방법을 몰라서일 수 있습니다. 이번 자선에 관한 책을 통해 분명한 개념정리를 하길 바라고, 자선을 삶 속에 실제적으로 적용할 수 있는 지혜를 얻게 되길 바랍니다.

특별히 코로나 팬데믹을 통과하면서 대사회적인 교회의 공공성(公共性)과 세상을 향한 공공선(公共善)의 이슈에 대한 교회의 대안들이 절실한 때입니다. 이 한 권의 책이 생명의 씨앗이 되어 침체된 한국교회의 역동성을 회복하고, 우리 사회를 더 아름답게 만드는 기적의 오병이어가 되길 간절히 소망합니다.

귀한 목사님들과의 동역은 제겐 큰 기쁨이자 영광이었습니다. 수고하신 모든 분에게 깊은 감사를 드립니다.

Soli Deo Gloria!

안광복_ 청주 상당교회 담임목사, 청주월드휴먼브리지 대표

○ J. D. 그리어(J. D. Greear)는 '담장을 넘는 크리스천'을 강조했습니다. 교회 안에 머문 성도가 아니라 교회 담장을 넘어 세상에 영향력을 주는 그리스도인이 되자는 것입니다. 담장을 넘는 그리스도인이 되는 것은 선택이 아닙니다. 세상에 빛과 소금이 되라는 주님의 명령을 준행하는 일입니다.

자선은 담장을 넘는 그리스도인의 사명입니다. 자선은 움켜쥔 손을 이웃에게 펴는 일입니다. 자선은 영혼을 살리는 나눔입니다. 자선은 넘어진 이들을 일으키는 예수님의 손입니다. 자선은 남을 부요케 하므로 나도 넉넉해지는 기쁨입니다. 그래서 자선은 구체적인 선교입니다. 생명을 살리는 일입니다. 자선이 구호로 그치지 않고 아름다운 실천으로 이어지길 소망합니다.

귀한 목사님들과 함께 마음과 글을 모을 수 있어서 기쁩니다. 책이 출판되기까지 수고하신 분들께 감사드립니다. 모든 영광을 우리 주님께 돌립니다.

임용택_ 안양감리교회 담임목사, 안양월드휴먼브리지 대표

○ 하나님이 다윗을 택하실 때 사람의 외모를 보지 않고 중심을 보신다고 말씀하셨습니다(삼상 16:7). 하지만 그 말은 하나님은 사람의 마음'만' 보신다는 뜻은 아닐 것입니다. 하나님은 그 이후 다윗의 순종을 요구하셨고 그의 삶을 보셨습니다. 바울은 "행함이 없는 믿음은 그 자체가 죽은 것"(약 2:17)이라고 말했습니다. 우리에게 필요한 것은 하나님을 향한 올바른 마음과 그 마음으로부터 나오는 올바른 행위입니다. 기독교 자선을 실천하기 위해서도 이 두 가지는 너무나도 중요합니다.

그리스도인으로서 이웃을 향한 긍휼의 마음을 가져야 합니다. 그것이 마음에서 그치지 않고 이웃을 섬기고 돕는 실천으로 이어져야 합니다. 그리고 올바른 마음으로 모든 것을 실천하고 있는지를 돌아봐야 합니다. 마음과 행함은 두 가지의 다른 요소가 아니라 늘 함께 가야 하고 심지어 하나로도 볼 수 있는 것이라 생각합니다. 그것이 이 책을 통해서 이루고자 하는 것입니다. 이 책이 그리스도인으로서 마음을 돌아보고 실천하는 삶을 고민해 보는 계기가 되기를 바랍니다. 그래서 우리의 마음과 섬김을 통해 하나님의 나라가 이 땅 가운데 임하기를 소망합니다.

지성업_ 산성교회 담임목사, 대전월드휴먼브리지 대표

1부

___

왜
자선해야 하는가

은혜를 받은 자가
베풀지 않으면 되겠는가?

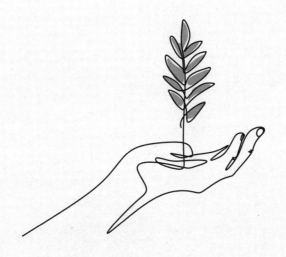

집을 나서기 전 사람들은 거울 앞에서 모습을 점검한다. 옷매무새를 가다듬기도 하고 머리를 정돈하기도 한다. 그런데 거울 속 내 뒷모습을 본 적은 얼마나 되는가? 모르긴 해도 대부분은 앞 치장하기 바빠 뒷모습까지 챙길 여유가 없을 것이다. 스스로 뒤태를 비춰 보기가 쉽지 않기 때문이기도 하다.

누가 내 뒤통수만 볼까 싶기도 하겠지만, 의외로 사람들은 다른 사람의 뒷모습을 많이 본다. 떠난 자리를 보면 그 사람을 알 수 있다고 하듯이, 뒷모습은 그 사람의 지나온 세월을 드러낸다. 주름은 멋진 화장술로 감출 수 있고, 빈 주머니는 화려한 옷으로 속일 수 있어도 휘어진 등은 세월을 숨기지 못한다. 마치 감기나 사랑 같다. 감추려 해도 감출 수 없고 은연중에 드러나는 것이다. 그런데 이런 것이 또 있다. 우리가 평상시 하는 마음과 생각이다. 그래서 성경에서도 "모든 지킬 만한 것 중에 더욱 네 마음을 지키라"(잠 4:23)고 하는 것이다.

우리가 자선을 하는 이유가 무엇일까? 무엇 때문에 나눔과 봉사를 하는가? 이 물음 앞에 우리는 어떤 생각과 마음으로 자선을 하고 있는지 속마음을 들여다볼 필요가 있다. 왜냐하면 하나님은 우리의 겉모양보다는 속사람에 관심이 있으시기 때문이다. 그런 이유로 이제부터 섬김과 나눔의 개념으로 일컬어지는 '자선'에 대한 이야기를 나누고자 한다. 특별히 기독교 자선이란 무엇인지, 왜 우리는 자선의 삶을 살아야 하는지, 그리고 어떻게 이 자선을 실천해 가야 하는지 하나씩 살펴보고자 한다.

우리가 음악을 듣는 이유는 무엇인가? 누군가는 위로를 받기 위해, 또 누군가는 그저 좋아서일 수 있다. 사람을 위로하고 기분 좋게 하는 것, 그것이 음악이 존재하는 이유일 것이다. 그런데 뉴욕 리디머장로교회의 팀 켈러(Timothy J. Keller)는《정의란 무엇인가》에서 우리가 클래식을 듣는 이유가 남들에게 교양 있는 사람으로 보이고 싶어서라면 그 음악이 주는 본래의 의도를 전혀 모른 채 듣는 것이라고 말한다. 그럴 때 음악은 나를 과시하는 데 동원된 수단에 불과하다. 그러나 어떤 쓸모를 위해서가 아니라 그저 곡이 아름답기에 듣는다면 그때 느끼는 만족감이야말로 음악의 본래 의도라 할 수 있다.

마찬가지로 우리가 자선을 하는 이유가 주변 사람들에게 칭송을 듣기 위해서나 사업에 도움이 될 것 같아서라면, 자선의 본 의미를 깨닫지 못하는 것이다. 신학자 조나단 에드워즈(Jonathan Edwards)는 하나님의 은혜를 체험하고 주님의 아름다움을 깨달은 그리스도인은 주변의 평판이나 사업을 위해 가난한 이들을 섬기지 않는다고 했다. 그들은 오직 하나님께 영광을 돌리는 일이기에 기꺼이 나설 뿐이며, 주님의 마음을 흡족하게 한다는 사실 자체로 행복감을 느낀다고 했다.

나눔은 단순히 행동에만 국한되는 것이 아니다. 마음과 생각도 중요하다. 왜냐하면 이 선한 일이야말로 하나님의 마음에 합해야 하는 것이기 때문이다. 그래서 우리는 성경 말씀을 배우는 것만큼 섬김의 교육을 받아야 한다. 섬김, 곧 자선은 우리의 마음이 실제적인 태도로 드러날 수 있는 통로다. 그렇다면 자선을 실천할 때 우리는 어떤 마음과 생각으로 임해야 할까?

지극히 작은 자에게 어떻게 했는가

마태복음 25장에는 양과 염소의 비유가 나온다. 오른쪽에 있는 양은 아버지에게 복을 받으며 하늘나라를 상속받을 것이고, 왼쪽에 있는 염소는 그렇지 못할 것이라고 한다. 예수님은 이 비유를 말씀하시면서 양이 천국을 상속받는 이유에 대해서 이렇게 설명해 주신다.

> 내가 주릴 때에 너희가 먹을 것을 주었고 목마를 때에 마시게 하였고 나그네 되었을 때에 영접하였고 헐벗었을 때에 옷을 입혔고 병들었을 때에 돌보았고 옥에 갇혔을 때에 와서 보았느니라 마 25:35-36

배고픔과 목마름, 외로움, 헐벗음, 병듦, 옥에 갇힘 등은 인간이 당할 수 있는 불행한 처지를 말한다. 나그네는 이방인으로 그 사회의 아웃사이더이다. 감옥에 갇힌 사람도 마찬가지이다. 자신도, 가족도 부양할 수 없다. 배고프고 목마른 자는 먹을 것을 얻지 못해 누군가를 의존해야만 살아갈 수 있다. 외로움을 홀로 견뎌 본 자, 손 내밀 곳 하나 없이 눈물의 밤을 보내 본 이는 그 간절함이 어떤 것인지를 안다. 주님이 말씀하신 천국을 상속받는 사람은 이처럼 가장 소외되고 비참한 상황에 있는 이들이 생존의 위기에 처했을 때 기꺼이 자신의 손을 내밀어 준 사람이다.

> 임금이 대답하여 이르시되 내가 진실로 너희에게 이르노니 너희가 여기 내 형제 중에 지극히 작은 자 하나에게 한 것이 곧 내게 한 것이니라 하시고 마 25:40

예수님은 지극히 작은 자들을 자신과 동일시하셨다. 그것은 우리를 향한 사랑이자, 우리 모두 하나님의 형상으로 지어진 존재이기 때문이다.

월드비전 미국 회장인 리처드 스턴스(Richard Stearns)는 그의 저서 《구멍 난 복음》에서 우리는 하루에 몇만 명의 아이가 굶어 죽는다는 통계 앞에서 그 숫자가 소중한 한 영혼이라는 것을 잊을 때가 있다고 고백했다. 그러면서 사람은 누구든 하나님의 형상으로 창조된 피조물이기에 우리는 사람을 대할 때 그들을 창조하신 하나님을 대하듯 해야 한다고 말했다. 이것이야말로 우리가 이웃을 섬길 때 가져야 할 가장 기본적인 마음이다. 주님이 지극히 작은 자에게 한 것이 곧 나에게 한 것이라고 말씀하신 것은 바로 이러한 이유이다. 또한 우리가 섬기려는 사람이 아직 예수님을 영접하지 않았다 해도 그들은 하나님의 피조물이고 하나님이 구원하시고자 하는 영혼이라는 것을 기억해야 한다.

제자들은 '천국에서 누가 가장 큰 자인가'라는 주제로 논쟁을 벌였다. 그들의 관심은 '누가 탁월한가, 누가 더욱 권력을 가지는가'에 있었다. 사실 이 주제는 세상 사람들이 관심을 가지는 주제이다. 예수님을 따라다니며 하나님 나라에 대한 말씀을 들으면서도 제자들은 여전히 이 땅의 관점을 버리지 못했다. 누가 천국에서 큰 자인지 설전을 벌이는 그때 주님은 어린아이와 같이 자기를 낮추는 사람이 천국에서 큰 자이며, 또한 누구든지 내 이름으로 이런 어린아이 하나를 영접하면 곧 나를 영접하는 것과 같다고 하셨다(마 18:4-5). 예수님은 제자들에게 지극히 작고 약한 자들을 돌아보아야 함을 명확히 가르치셨다. 양과 염소의 비유는 구원의 조건이 선행이라는 뜻이 아니다. 이러한 섬김은 곧 하나님을 믿는 믿음의 표현인 것이다. 그들을 돕는 것은 그 자체로 예수님 안에 속해 있는 자임을 확인해 주는 것이다.

톨스토이의 단편소설 가운데 "사랑이 있는 곳에 하나님이 계신다"라는 글이 있다. 마르틴은 아내와 자식을 모두 잃고 홀로 구두를 수선하며 살고 있었다. 절망 가운데 있던 그는 성경을 통해 하나님을 만나게 되었고, 그 이후 어떻게 하면 자신이 하나님을 위해 살 수 있을까를 고민했다. 그러던 어느 날 하나님으로부터 "내일 내가 너를 찾아갈 테니 창밖을 보아라"라는 음성을 들었다. 다음 날 마르틴은 하나님을 대접하기 위해 따뜻한 차와 수프를 끓여 놓고 창밖을 내다보고 있었다. 그런데 그의 눈에 추운 날씨에 거리에서 청소를 하고 있는 할아버지가 보였다. 그는 할아버지를 구둣방으로 불러들여 난로 옆에서 따뜻한 차를 대접했다. 며칠 후에도 그는 계속 하나님을 기다렸다. 그런데 그의 눈에 깡마른 아주머니와 배가 고파서 울고 있는 갓난아이가 보였다. 마르틴은 얼른 그들을 데리고 들어와 하나님께 대접하기 위해 준비해 놓은 차와 수프를 먹게 했다. 그리고 얼마 후, 창밖을 바라보던 그에게 이번에는 사과를 팔고 있는 할머니의 광주리에서 사과를 훔쳐 달아나려다가 잡힌 아이의 모습이 보였다. 그때 마르틴은 밖으로 나와 사과를 훔친 아이더러 할머니께 용서를 빌라 하고, 그 할머니에게 사과값을 대신 내주었다. 그날 밤 마르틴의 꿈에 하나님이 나타나셨다. 마르틴은 하나님께 기다렸는데 왜 오지 않으셨냐고 물었다. 그때 하나님은 대답하셨다.

"나는 너희 집에 세 번이나 갔는데 세 번 다 대접을 후하게 잘 받았다. 참으로 네가 나를 사랑하는 줄을 알겠다. 네 이웃에 사는 보잘것없는 사람을 대접한 것이 곧 나를 대접한 것이다."

하나님이 우리에게 바라시는 것은 주님이 귀하게 여기시는 존재를 우리 역시 귀하게 여기는 일이다. 하나님을 섬기는 것과 이웃을 섬기는 일이 다르지 않음을 깨닫는 것이다. 일상 가운데 우리 주변에 있는 하나님의 형상들을 귀하게 여기고 섬기는 일이야말로 하나님이 기뻐하시는 일이다. '지극히 작은 자' 안에서 하나님의 형상을 발견하고 그 사람을 향한 하나님의 뜻을 깨닫는 것보다 귀한 것은 없다.

선을 행하는
동기가 중요하다

미국 심리학자 애덤 그랜트(Adam Grant)는 《기브 앤 테이크》에서 사람의 세 가지 유형을 이야기한다. 받은 것보다 더 많이 주기를 바라는 사람, 받은 것만큼 되돌려주는 사람, 준 것보다 더 많이 받기를 바라는 사람이다. 우리는 기본적으로 자신이 준 것만큼은 받아야 한다고 생각한다. 사람 관계에서도 기대하는 반응이 돌아오지 않으면 섭섭한 마음이 든다. 내가 사랑과 관심을 준 만큼은 아니더라도 조금이라도 보답을 받기를 바란다. 처음은 그저 좋은 의도에서 시작했을지라도 고맙다는 말이 없거나 적당한 피드백을 받지 못하면 괜히 섭섭해지는 게 사람의 마음이다. 그런데 하나님은 우리가 이런 마음에서 벗어나 새로운 기준을 갖기 원하신다.

세상의 모든 종교와 선인들은 선행을 이야기한다. 착한 마음을 가지고 살아가는 것, 누군가를 돕고 자비를 베푸는 것은 참 좋은 일이다. '착함'이라는 성품을 보면, 종교나 신앙에 관계 없이 타고나는 것인 듯 보인다. 그러나 중요한 것은 우리 개개인의 성품이나, 그런 성품을 개발하는 일이 아니라 '새로운 기준'에 서는 것이다. 하나님이 말씀하시는 '자비로움'이란, 우리의 성품이나 환경적 요인에서 기인하는 것이 아니라 하나님이 우리에게 보여 주셨던 모습이다.

세상의 사랑에는 늘 이분법적인 기준이 있다. 내 편에 있는 자에게는 사랑을 주지만, 반대편에 있는 사람에게는 애정을 표현하지 않는다. 나와 뜻이 다른 것이 때로는 미워해도 되는 이유가 되기도 한다. 이에 대해 주님은 "너희가 만일 선대하는 자만을 선대하면 칭찬 받을 것이 무엇이냐 죄인들도 이렇게 하느니라 너희가 받기를 바라고 사람들에게 꾸어 주면 칭찬 받을 것이 무엇이냐 죄인들도 그만큼 받고자 하여 죄인에게 꾸어 주느니라"(눅 6:33-34)라고 하셨다.

기독교 대표 복음주의자인 존 스토트(John Stott)는 예수님이 선을 행함에 있어 그 사람의 숨은 생각과 마음속 동기에 초점을 맞추신다는 점에 주목했다. 주님은 우리가 무엇을 하느냐보다 그 일을 하고 있을 때의 마음을 중요하게 여기신다는 것이다. 구제를 행할 때 사람들의 칭찬을 기대하거나 자기 만족감에 취하는 것, 심지어 하나님께 인정받기를 바라는 마음까지도 숨은 생각에 포함된다고 했다.* 이렇게 하나님은 언제나 우리의 뒷모습, 우리의 속사람이 더욱 온전하기를 원하신다. 그래서 우리는 사람들이 나를 어떻게 볼까를 신경쓰는 것이 아니라 하나님의 마음이 무엇인지에 집중해야 한다.

릭 워렌(Rick Warren)은 《목적이 이끄는 삶》에서 확실한 자아상을 가지고 있는 사람만이 섬길 수 있다고 했다. 정체성이 불안한 사람은 다른 사람들에게 자신이 어떻게 보일지 항상 걱정한다. 그들은 약점이 노출되는 것을 두려워하고 자만과 가식 아래 숨는다. 불안하면 할수록 다른 사람이 자신을 인정해 주기를 원한다. 그러나 우리의 가치와 정체성을 그리스도와의 관계에 둔다면 우리는 다른 사람들의 기대로부터 자유로울 수 있으며, 최선을 다해 다른 사람을 섬길 수 있게 된다. 이처럼 우리의 가치와 자존감은 하나님과의 관계에서 나온다. 새로운 기준은 세상이 아닌 하나님의 뜻이다. 그것은 나 자신에 대한 가치를 어디에 두고 있는가에 있다. 하나님의 자녀로서의 가치, 주님과의 관계 안에서의 자유로움이다.

◇◇◇◇◇◇◇◇◇◇◇◇◇

* 존 스토트 저, 정옥배 역, 《존 스토트의 산상수훈》, (생명의말씀사, 2011) pp.170-195 .

그 믿음으로 사람들을 돕는 것이다.

한국의 슈바이처라고 불리던 故장기려 박사는 평생 집이나 재산을 소유하지 않고 청빈의 삶을 살면서 가난한 자들을 위해 의술을 펼쳤다. 돈이 없는 환자들을 무료로 치료해 주고 몰래 병원 뒷문을 열어 주면서 집으로 돌려보내는 바람에 늘상 병원 직원들의 잔소리를 들어야 했지만 말이다. 그런 그에게 한 가지 소원이 있었다. 그는 늘 이렇게 기도했다.

"하나님 아버지, 의사를 한 번도 만나지 못하고 죽어 가는 사람들을 위해서 한평생을 바치겠습니다."

하나님은 세상의 법칙에서 벗어나 더 많이 베풀어도 행복한 사람을 원하신다. 하나님이야말로 더 많이 베풀고자 작정하신 분이니까 말이다.

> 주라 그리하면 너희에게 줄 것이니 곧 후히 되어 누르고 흔들어 넘치도록 하여 너희에게 안겨 주리라 너희가 헤아리는 그 헤아림으로 너희도 헤아림을 도로 받을 것이니라 눅 6:38.

선행은 감정이 아닌
믿음으로 해야 한다

어떤 성도는 나눔과 봉사를 할 때 무거운 마음으로 한다. 예를 들어 매체에서 접하는 아프리카 아이들, 의료 혜택을 받지 못해 거의 죽어 가는 비참한 아이들의 모습을 보면서 죄책감을 느끼고, 그 부정적인 마음에서 조금이라도 벗어나려고 나눔과 봉사를 선택하는 것이다. 또 어떤 성도는 방송에서 이런 아이들을 보여 주며 후원자를 모집하는데, 얼마의 기부금을 정기적으로 보내는 것으로 마음의 짐을 덜기도 한다. 그리고 그 순간 자신은 도덕적 부담에서 벗어났다고 생각한다. 물론 이런 방법으로라도 어려운 사람들을 도와주는 것은 아무 일도 하지 않는 것에 비하여 훨씬 가치 있는 일이다. 하지만 죄책감을 덜기 위해 하는 선행은 자칫 우월의식과 보상심리로 자기 위안에 빠지기 쉽다.

하나님의 마음으로 살아가는 성도가 아프고 안타까운 마음을 가져야 하는 것은 죄책감과는 다른 차원의 문제이다. 무엇보다 우리에게 베푸신 하나님의 자비하심을 고백해야 한다. 우리의 선행이 도덕적 우월감이나 보상심리에 근거하는 것이 아니어야 한다. 이런 도덕적 감정에 따라 움직이게 되면 선행이 단순히 물질적 가치에 의해 좌우될 수 있기 때문이다.

따라서 우리가 행해야 할 나눔과 돌봄은 동정심이나 죄책감이 아니라 예수님을 향한 믿음이 원동력이 되어야 한다. 불쌍한 마음은 자신의 상황에 따라 얼마든지 상대적이 될 수 있고, 또한 인간의 감정은 계속해서 변하기 마련이다. 그 변화무쌍한 감정은 믿을 것이 못 되며 안정적이지도 않다. 우리가 누군가를 섬기는 것이 감정에서만 비롯한 것이라면 지속할 수도 없고 불안전한 섬김이 될 수 있다. 또한 자칫 그 섬김의 중심에 내가 있게 된다. 그렇게 되면 내 중심, 내 감정, 내 관점으로 섬기게 되기 쉽다.

성경에 보면, 마게도냐의 성도들은 예루살렘의 기근 피해자들에게 헌금을 보냈다. 그때 바울은 환난의 많은 시련 가운데서도 그들이 넘치는 기쁨으로 풍성한 연보를 했다고 한다(고후 8:2). 마게도냐의 성도들은 부유한 사람들이 아니었다. 예루살렘에 있는 어려운 사람들보다 더 낮은 계층의 사람들이었다. 그런데도 그들은 '넘치는 기쁨'으로 도왔다고 한다. 그들은 소득 수준에 따른 비율로 헌금하지 않았다. 많이 번 것에 대해 감사했기 때문에 도왔던 것도 아니다. 단지 그들이 하나님께 받은 자비와 용서에 감사함과 기쁨으로 행한 일이었다. 이처럼 '자비'는 하나님의 은혜를 체험한 데서 나오는 자발적이고 넘치는 사랑이다. 나눔은 우리의 영혼이 예수님의 사랑과 은혜, 용서 등 진정한 부유함으로 충만해졌을 때 주님의 자기희생적인 사랑의 속성들을 얻는다. 그럴 때 우리는 기쁨을 경험하게 된다.

스캇 솔즈(Scott Sauls)의 《선에 갇힌 인간, 선 밖의 예수》에 나오는 한 이야기다. 티타는 아프리카 가나의 한 동네를 방문해 작은 교회 예배에 참석했다. 그 교회는 전체 예배 중 헌금 시간이 가장 즐겁고 활기찼다. 성도들은 대부분 극빈층에 속했는데, 자신이 가져온 것을 헌금 바구니에 넣는 일에서 더없는 의미와 행복을 느꼈다. 그들은 받는 자보다 주는 자가 더 복되다는 말, 또는 더 '행복하다'는 그 예수님의 약속을 진심으로 믿고 있었다. 이들은 '가진 것이 부족함에도 불구하고'가 아니라 오히려 '가진 것이 부족해서' 더 큰 기쁨을 경험하고 있었다. 예배 중 한 여인이 일어나 환영의 인사를 건네며 말했다.

"가나에 오신 걸 환영합니다. 저희는 예수님이 더 필요해서 기쁜 사람들이랍니다."

솔즈는 예수님은 우리를 나눔의 삶으로 초대하기 전에 먼저 그분의 후하심을 받고 누리는 자리로 부르신다고 했다. 나눔은 그런 하나님을 경험한 자들이 하는 것이다. 마게도냐 성도들도, 이 가나 교회 성도들도 주님이 주시는 이 기쁨을 알고 누리는 사람들이었다.

하나님의 아픔을
함께 아파하라

'하나님 아버지의 마음'이라는 제목의 찬양이 있다.

아버지 당신의 마음이 있는 곳에 나의 마음이 있기를 원해요
아버지 당신의 눈물이 고인 곳에 나의 눈물이 고이길 원해요

아버지 당신이 바라보는 영혼에게 나의 두 눈이 향하길 원해요

아버지 당신이 울고 있는 어두운 땅에

나의 두 발이 향하길 원해요

나의 마음이 아버지의 마음 알아

내 모든 뜻 아버지의 뜻이 될 수 있기를

나의 온 몸이 아버지의 마음 알아 내 모든 삶 당신의 삶 되기를

_ 하나님 아버지의 마음

이 찬양의 고백이야말로 하나님의 자녀인 우리가 품어야
할 마음이다. 세상 사람들은 자신의 마음이 가는 대로 산다.
그러나 그리스도인은 하나님의 마음이 있는 곳에 마음을 두
고, 하나님이 아파하실 때 같이 아파해야 한다. 평생 하나님
의 말씀에 '예'와 '아멘'으로 순종했다고 알려진 바실레아 슐
링크(Basilea Schlink)는 《주님을 사랑하는 자》에서 하나님을 사랑
하는 이들은 자신도 모르게 하나님의 아픔을 자신의 아픔으
로 여긴다는 사실을 깨닫게 된다고 말했다. 하나님의 자녀로
서 아픔의 짐을 지고 계신 그분을 돕기 원하며 가능한 그 짐
을 함께 짊어진다고 말이다.

우리는 하나님을 사랑한다고 수없이 고백한다. 그런데 정
말 하나님을 사랑하는 자는 그분의 아픔에 참여하는 자다.
그러기 위해서는 하나님의 마음이 어디를 향하고 있는지 알
아야 한다. 그분의 눈물에 기꺼이 동참하고 아파할 준비가

되어 있어야 한다.

김정주 전도사의《안녕, 기독교》에 이런 내용이 있다. "아픔을 모르면서, 좋은 신앙이라는 이름 아래 눈치 없이 밝기만 한 사람이 성숙한 사람이 아니다. 다른 사람의 아픔, 내가 속한 공동체의 아픔, 내가 밟고 있는 이 땅의 아픔과 함께하지 못하는 밝은 신앙은 본인에게는 태양처럼 밝고 좋겠지만, 타인에게는 그늘처럼 어둡다."

하나님의 마음을 따라 살게 되면 삶의 영역이 달라진다. 어느 순간 '나'를 넘어서 '너'와 '우리'를 향하는 순간이 찾아온다. 나 자신 때문에 아팠던 것보다 더 큰 눈물을 흘리고 기도하게 된다. 신기하게도 '너'를 위해 기도하다 보니 '우리'의 아픔도 보이기 시작한다. 그래서 이웃과 교회, 나라를 위해 통회하며 기도하게 된다. 그렇게 점차 아픔의 영역이 확장되어 가며 우리는 하나님의 사람으로 변해 가는 것이다. 세상과 이웃이 우리의 삶에서 아픔의 한 부분이 되어 간다. 이 순간 우리는 하나님의 마음을 깨닫는다.

아픔이 그저 아픔으로 끝나지 않는 것은, 아파한 만큼 하나님의 손길을 경험하며, 자비의 기쁨을 누리게도 된다는 점이다. 어느 날 우리가 전혀 생각하지 못했던 것에 아픔을 느낀다면, 성숙해 가고 있다는 증거이다. 하나님의 마음이 우리의 삶을 움직여 가고 있다는 증거이다.

분명 행위로 구원을 받는 것은 아니다. 그러나 구원받은 자들로서 우리의 행위는 너무나도 중요한 믿음의 지표다. 신앙인이 마땅히 해야 할 것은 도움이 필요한 자들을 섬기는 것이다.

생존의식을 넘어
공존의식이 필요하다

인간은 혼자 살아갈 수 없다. 더불어 살아가는 존재로 창조되었기 때문이다. 유대인은 사회를 서로가 서로에게 의존하는 하나의 몸으로 이해했다. 그래서 자선을 통해 서로의 연결고리를 만들며 나와 이웃이 하나임을 고백하는 통로로 삼았다.

공동체는 관계 속에서 함께 짐을 나누어 지면서 평등하면서도 서로에게 책임을 갖는 존재로서 살아가는 것이다. 나눔은 이러한 관점에서 출발해야 한다. 예수님을 섬기듯 지극히 작은 자를 섬길 때 일어나는 가장 큰 변화는, 섬김의 대상이 우리의 형제와 자매요, 영적 공동체로 보게 된다는 점이다. 율법 곳곳에는 '지극히 작은 자'들에 대한 하나님의 마음이 가득 담겨 있다. 그들을 세상 가운데 버려두지 않고 품고 함께 가야 함을 강조하신 것이다. 레위기 19장이야말로 공동체 윤리를 제시하신 대표적 사례이다. 하나님은 자기 소유의 땅에서 난 곡식과 열매를 다 거두지 말고 가난한 사람을 위해 남겨 두라고 하신다. 사실 자기 소유의 땅에서 난 곡식이니 전부 거둬가도 문제될 건 없다. 하지만 하나님은 가진 것 없는 이들도 최소한의 생계를 유지할 수 있도록 함께 사는 공동체로서의 자세를 가르쳐 주신 것이다.

또한 매번 드리는 십일조뿐 아니라 3년마다 구제의 십일조를 드리는 규정이 있다. 받을 기업이 없는 레위인과 나그네, 고아와 과부들을 구제하기 위해 3년마다 소출의 10분의 1을 사회 기금으로 조성하는 정책이다. 7년마다 땅을 쉬게 하는 안식년을 가질 때는 저절로 자란 곡식은 거두지 말고 가난한 자들을 먹게 하라고도 말씀하셨다(출 23:11). 그리고 대대로 내려오는 토지는 영원히 팔지 못하도록 했다. 땅이 곧 재산의 원천이었던 농경시대에 토지를 잃으면 빈곤을 벗어날 수 없기 때문이다. 만약 생계를 위해 토지를 팔았다 하더라도 희년에는 빚을 탕감하고 토지를 원래 주인에게 돌려주도록 했다.

하나님이 율법을 통해 가르쳐 주신 이러한 공동체 정신은 한편으로는 끝없는 인간의 욕망에 제동을 거는 것이기도 했다. 그래서 사람들은 이러한 규정을 제대로 지키지 않았다. 아모스, 호세아, 이사야 등 이스라엘에 공평과 정의를 외치는 예언자들이 속속 등장하는 것도 공동체 정신이 무너진 시대였기 때문이다. 인디언들은 봄이 되면 이런 말을 했다고 한다. "모두 뒤꿈치를 들고 사뿐사뿐 걸어라. 땅 밑에 이제

막 봄의 씨앗들이 올라오니 그걸 짓밟지 말아라." 이것은 내 중심적인 사고, 내 편의주의에서 벗어나 다 함께 먹을 곡식을 지키기 위한 공동체적 행동이다.

대지약우(大智若愚)라는 말이 있다. 중국 송나라 8대 문호 중 한 사람이었던 소식이 쓴 구절로, 큰 지혜는 언뜻 보기에 어리석게 보인다는 뜻이다. 가을이 되면 다람쥐는 겨우내 먹을 도토리를 땅에 묻는데, 그 전에 하늘을 한 번씩 쳐다본다. 흘러가는 구름을 지도 삼아 어디에 묻었는지 확인하려는 것이다. 참으로 어리석은 짓이 아닌가! 결국 다람쥐는 끝내 도토리를 다 찾지 못한다. 그런데 다행히도 열매를 딸 재주가 없는 다른 동물들이 다람쥐가 끝내 찾지 못한 도토리를 먹으며 겨울을 난다고 한다. 다람쥐가 조금 바보 같아도 결국 많은 미물을 살리고 있었던 것이다. 그러면 다람쥐는 남 좋은 일만 해 주는 호구인가? 그건 아니다. 한편으로는 땅에 묻어둔 도토리에서 싹이 터서 숲이 더 푸르게 되니 다람쥐에게도 좋은 일이 된다.

우리는 세상을 살며 호구가 되지 않기 위해 날을 세운다. 어떻게든 내 것을 잃지 않기 위해 애를 쓴다. 그러나 내 것을 내주었을 때 나와 공동체가 살 수 있다면 호구라도 참으로 지혜로운 호구가 아닐까. 무한경쟁, 각자도생이라는 말이 익숙해지는 시대이다. 그러나 이웃을 위해 내 것을 내놓을 수 있는 마음이 이 시대에는 더욱 필요하다.

광합성을 하는 식물도 조금이라도 더 많이, 더 효율적으로 빛을 받아들이기 위해 주위의 다른 식물들과 치열하게 경쟁하며 살아간다. 그런데 라피도포라라는 덩굴 식물은 자신의 잎 바로 위에 다른 잎을, 그리고 그 잎 위에 또 다른 잎을 쌓아가는 구조라 아래 잎은 위 잎에 가려져 빛을 받기 어렵다. 그런데 이 식물은 놀랍게도 이 딜레마를 해결하기 위해 마치 벌레가 먹은 듯이 구멍이 숭숭 뚫린 잎을 만들었다. 광합성을 해야만 살아갈 수 있는 식물에게 구멍이 난 잎은 치명적인 결점이지만, 스스로 낸 구멍 사이로 햇빛이 들어가서 그 밑으로 난 잎들이 빛을 받을 수 있게 된 것이다. 식물조차도 함께 살기 위해 치열하게 몸부림치며 자신의 것을 내어주는데 나는 공동체를 위해 어떤 짐을 지고 있는가?

개인이나 가족이 생존에 필요한 의식주조차 해결할 수 없는 상태에 이르렀을 때를 '절대적 빈곤' 상황이라고 한다. 세계은행은 하루에 1.9달러(약 2,300원) 이하, 1년 생활비 700달러(약 81만 원)를 버는 계층을 극빈층으로 분류해 지수를 측정한다. 전 세계 10퍼센트, 약 7억 명이 넘는 사람들이 절대 빈곤에 시달리고 있다. 식량이 모자라서일까? 아니다. 전 세계 식량은 매년 130억 명을 먹여 살릴 수 있을 만큼 초과해 생산된다. 세계은행은 2030년까지 전 세계 빈곤의 종식을 목표로 하고 있지만 코로나 팬데믹으로 절대 빈곤은 오히려 1억 명 가까이 더 늘어났다. 가난한 사람들은 언제나 우리 곁에 있다. 빈곤의 종식은 어느 한 기관이 나서서 해결해야 할 일이 아니라 우리가 함께 나서야 하는 일이다.

경제 이론 가운데 파레토 법칙(Pareto Theory)이 있다. 상위 20퍼센트가 전체 성과의 80퍼센트에 영향력을 끼친다는 것이다. 예를 들어, 백화점을 방문하는 상위 20퍼센트 고객이 전체 매출의 80퍼센트를 창출한다는 식이다. 백화점이 VIP를 넘어 VVIP 고객을 특별히 선정해 관리하는 것도 이런 이유에서다. 기업에서도 이 파레토 법칙을 적용해 볼 수 있는데, 20퍼센트의 유능한 직원이 나머지 80퍼센트의 평범한 직원을 먹여 살린다고 한다. 그런데 지금 우리 사회는 파레토 법칙을 넘어 1대 99라는 승자독식 구조로 질주하고 있다. 모든 경쟁에서 승리한 1등만이 주목받고 시장의 파이를 가져간다. 연예인 중에서도 최상위권을 차지하는 이들에게만 관심이 집중되고 대부분 배우는 제작비 절감 차원이라는 명목으로 생계의 위협을 받는다고 한다. 2021년 기준으로 세계에서 가장 많은 연봉을 받은 CEO는 테슬라의 일론 머스크(Elon Musk)인데, 한 해에 약 8조의 연봉을 받았다고 한다. 무한 경쟁에서 승리한 극소수의 1등은 시장 경제의 정점에서 상상도 할 수 없는 부와 권력을 거머쥔다.

이에 대해 하버드대학교에서 정의론을 가르친 존 롤스(John Rawls)는 남들보다 유리한 능력을 가진 사람은 그가 누구든 간에 가장 불우한 상황에 처한 이들의 조건을 개선하는 한에서 그 행운의 몫을 향유해야 한다고 말했다. 우리가 가져야 할 태도는 하나님이 선물로 주신 모든 것이 결코 나만의 것이 아님을 기억하는 것이다. 공동체를 위해, 이 사회를 위해 겸손하게 나눔을 실천해야 한다.

사회는 분명 가진 자와 없는 자가 존재한다. 그러나 우리는 모두 하나님의 백성이기에 서로를 돌봐야 한다는 생각으로 전환해야 한다. 우리는 공동체로서 모두가 도움을 줄 수도 있고, 받을 수도 있는 사람들이다. 지극히 작은 자 한 사람을 구원하는 것은 나의 공동체 안으로 그를 들여놓는 것이다. 팬데믹 이후 누군가를 돕는다는 것에 대해 위축감이 커졌다. 이 어려운 시기를 헤쳐 나갈 힘은 공존의 지혜, 사랑의 나눔에 있다. 어려울수록 더 나누며 도와야 한다. 어려울수록 더 사랑해야 한다. 생존을 넘어 공존의식이 필요하다.

자선은 하나님이
명령하신 사명이다

그리스도인이라면 누구나 어려운 이웃을 위해 나누고 섬겨야 한다는 가르침에 인정한다. 그런데 실천에 옮기는 것에 관해서 깊이 생각하는 이들은 많지 않다. 자선은 선택이라고 생각하기 때문이다. 하지만 나눔의 실천은 선택의 문제가 아니다. 하나님이 모든 그리스도인에게 주신 보편적인 사명이

자 명령이다. 특별히 하나님이 우리에게 가난한 이를 도우라고 하실 때는 항상 명령형으로 말씀하신다. 즉 나눔은 우리에게서 나오는 것이 아니라 하나님에게서 나오는 것이라는 뜻이다. 하나님은 우리가 나눔을 행할 때 뿐 아니라 행하지 않을 때도 분명히 눈여겨보고 계시다.

우리가 섬겨야 할 이웃에 대한 정의를 잘 보여 주는 성경 말씀 중 하나가 예수님이 말씀하신 선한 사마리아인의 비유이다(눅 10:25-37). 한 율법 교사가 하나님을 사랑하고 이웃을 사랑하라는 예수님의 말씀에 누가 우리의 이웃인지를 물어본다. 예수님은 여리고로 내려가다 강도를 만난 한 사람의 이야기를 들려주신다. 그 사람은 강도에게 급습을 당해 거의 죽을 만큼 얻어맞고 옷까지 다 빼앗겨 벌거벗은 채 버려졌다. 당장 구해 주지 않으면 죽을 수밖에 없는 위기 상황에 처해 있었다. 마침 그 길로 제사장이 지나갔지만 그를 보고 피해 갔다. 그다음에는 레위인이 그를 보았지만 그 역시 그냥 지나친다. 마지막으로 어떤 사마리아인이 여행하는 중에 그를 보고 불쌍히 여겨 자신이 가진 기름과 포도주를 그 상처에 붓고 치료해 준다. 그뿐 아니라 주막으로 데리고 가서 그를 돌보도록 하고 비용까지 대신 지불해 준다.

제사장과 레위인은 강도 만난 자를 그냥 지나친다. 어쩌면 그들 나름대로 피해간 이유가 있었을지 모른다. 도와주기 어려운 사정이 있거나 일이 바빠서 급히 가던 중이었을 것이다. 시체를 만지면 부정함을 입어 예배를 드리지 못하기 때문에 그 나름대로 율법을 지킨 것일 수도 있다. 그러나 사회적으로 어느 정도 위치에 있는 제사장과 레위인이 종교적인 신념이 우선시되어 정말로 도움이 필요한 사람을 도와주지 않게 되는 아이러니한 상황을 주목해야 한다. 이들은 부정하지 않기 위한 율법은 지켰을지 모르나 어려움에 처한 나그네를 도와야 한다는 율법은 지키지 않았다. 그들은 주님의 사명을 저버렸다.

예수님은 이 이야기를 마치고 율법교사에게 "누가 강도 만난 자의 이웃인가?" 하고 반문하신다. 형제자매, 이웃, 공동체를 돌보는 율법의 정신을 잃어버린 자들, 이웃의 범위를 멋대로 규정하고 거기서 벗어나면 돕지 않아도 된다고 생각하는 자들이 과연 진정한 의를 소유할 수 있겠느냐는 일침이다.

이 비유에서 더욱 놀라운 것은 지금껏 유대인들이 무시하며 절대로 자신들의 이웃이라고 여기지 않았던 사마리아인이 자비를 베풀었다는 사실이다. 그들이 생각하던 이웃의 영역에는 사마리아인과 같은 이방인은 포함되지 않았다. 또한 이것은 도움의 주체와 도움받은 대상에 대한 편견을 깨는 이야기이다. 돕는 자가 따로 있고 도움받는 자가 따로 있지 않다는 것이다. 또한 돕는 사람은 가진 자, 높은 자, 강자이고, 도움받는 이는 없는 자, 낮은 자, 약자가 아니라는 것이다. 예수님은 주변에 도움이 필요한 모든 사람이 우리의 이웃이라고 말씀하신다.

우리가 자선을 베풀 때 저지를 수 있는 가장 큰 실수 가운데 하나는 우월감이다. 자선에는 베푸는 행위가 중요하게 작용한다. 그러나 여기에는 사회, 경제적 우월감 내지는 계급적 차이가 은연중에 드러나 있음을 볼 수 있다. 은혜를 베푸는 위치에 있는 자와 은혜를 받는 위치에 있는 자의 차이가 있다는 인식이다. 그러다 보니 우리는 조금 더 가진 내가 덜 가진 자를 도와준다거나, 좀 더 높은 곳에 있는 내가 더 낮은 곳에 있는 사람들을 도와준다고 착각한다. 그러나 이런 생각은 성경의 가르침과 다르다. 하나님 안에서 높고 낮은 자가 있을 수 없고 우리가 가진 모든 것, 우리가 누리는 모든 것은 하나님으로부터 왔음을 우리는 고백해야 한다. 조금이라도 우리 마음속에 우월감이 있다면 아무리 선한 나눔을 한다고 하여도 그것은 기독교 자선이 될 수 없다. 자선을 뜻하는 영어 단어 'charity'는 사랑을 의미하는 라틴어 'caritas'에서 왔다. 그래서 나눔은 그 자체로 사랑의 다른 말이기도 하다. 하나님은 사람의 높고 낮음을 구분해 놓지 않으셨다. 사랑 역시 높고 낮음이 없다.

아울러 우리는 '행하지 않음'이 죄가 된다는 것에 대해 생각해 보아야 한다. 2016년 8월에 한 택시기사가 운전 도중 심장마비로 쓰러졌다. 차에 타고 있던 두 명의 승객은 택시기사를 방치한 채, 차 트렁크에서 자신들의 골프백을 가지고 공항으로 갔다. 결국 택시기사는 숨지고 말았다. 이 사건 후에 '선한 사마리아인의 법'(구조 불이행죄, 구조 거부죄) 제정에 대한 논의가 이루어졌다. 미국, 독일, 프랑스 등에서는 위급한 상황에 처한 사람을 적극적으로 구하지 않는 행위를 범죄로 규정하고 형사처벌하고 있다. 하지만 우리나라에서는 개인의 자유를 법적으로 규제할 수 없다는 논의 때문에 '선한 사마리아인의 법'은 법안만 발의된 상태이다. 귀찮은 일에 휘말릴까 봐, 오해를 받거나 불편한 상황에 처할까 봐 해야 할 일을 하지 않음으로써 누군가 아까운 생명을 잃게 된다면 하나님이 보시기에 얼마나 악한 일이 되겠는가.

예수를 믿는다는 건 관념적인 지식이 아니라 실천적 사랑이다. 자기 자신만의 구원과 영성에 집중하는 것은 반쪽짜리 신앙에 불과하다. 그리스도인의 믿음은 언제나 영혼 구원과 사회 구원 두 방향으로 향해야 한다. 만약 우리 시대에 예수님이 다시 오신다면 어디에 계실까? 생계가 막막해진 자영업자들, 직장에서 해고 통보를 받거나 무기한 휴직에 놓인 직장인들, 취업도 미래도 보이지 않는 청년들, 아무도 접촉하고 싶지 않아 하는 노숙인들…. 예수님은 그들 사이에 오셔서 지극히 작은 자들을 어루만져 주셨을지도 모른다.

EBS 〈명의〉라는 TV프로그램에서 영등포 쪽방촌에서 무료 진료를 하는 '요셉의원'이 소개됐다. 화려한 쇼핑몰 거리 안쪽에 좁은 골목을 따라가면 건강을 챙길 수도 없고, 진료를

제대로 받을 수도 없는 4백여 명의 사람이 모여 산다. 요셉의
원은 이 쪽방촌 입구에서 35년간 노숙자, 외국인 노동자, 쪽
방촌 주민 등 치료비가 없는 환자들에게 무료 진료를 해 왔
다. 설립자인 선우경식 원장은 대학 교수이자 국내 종합병
원의 내과 과장을 지낸 전도유망한 의사였다. 그는 신림동에
무료 진료봉사를 나갔다가 어려운 이웃을 보고 난 뒤 성공의
길을 버리고 무료 상설 병원을 세웠다. 그 이후부터 쪽방촌
의 슈바이처란 별명을 얻게 되었다. 그는 세상을 떠날 때까
지 무려 43만 명의 환자를 무료로 진료했다. 그가 세상을 떠
난 뒤에도 요셉의원은 진료를 이어 가고 있다. 이곳에서 의
료봉사를 하는 의사만 해도 114명이나 된다.

세상은 병을 잘 고치기로 이름난 의사를 '명의'라고 한다.
하지만 진정한 명의는 명성이 아닌 사명을 가진 이들이다.
이곳의 의사들이 명의라고 불릴 수 있는 것은 생존에만 몰두
하는 이 시대에 공동체의식과 사명을 보여 주었기 때문이다.
우리가 하나님을 사랑한다면 지극히 작은 자를 하나님으로
대접할 수 있어야 한다. 지금 내 주위에 있는 지극히 작은 자
가 누구인지 살펴 주님이 내 곁에 머물게 하신 그 사람을 주
께 하듯 섬겨야 한다.

선한 사마리아인 비유의 마지막 말씀은 너도 가서 이와
같이 하라는 것이었다. 나눔은 하나님이 우리에게 맡기신 사
명이다.

우리는 모두 1만 달란트를
탕감받은 종이다

누군가를 섬기기 위해 선행되어야 하는 것은 우리가 은혜받은 자라는 사실을 믿는 것이다. 은혜는 하나님이 우리에게 주신 모든 것, 받을 자격이 없는 자에게 베풀어 주신 모든 것을 말한다. 내 노력이 아닌 예수님의 사랑과 희생으로 구원받은 것이 은혜이며, 당연한 줄 알고 누려 왔던 일상의 모든 것들 역시 은혜이다.

우리의 모든 자선과 섬김은 하나님을 향한 믿음과 그분과의 관계로부터 나와야 한다. 단지 선한 마음으로 누군가를 섬기는 것으로는 충분하지 않다. 중요한 것은 하나님과 관계 속에서 이웃을 섬겨야 한다는 것이다. 팀 켈러는《센터처치》에서 이것을 보다 명확하게 설명한다. 그의 말에 따르면 사람들은 착하게 사는 것을 가장 중요한 가치로 생각한다. 그런데 이 경우는 어떨까? 한 과부에게 아들이 하나 있다. 그녀는 열심히 일해서 아들을 대학에 보냈다. 그런데 그 아들이 대학을 졸업한 뒤에 다시는 어머니를 찾아오지 않았다. 연락도 하지 않았다. 그럼에도 아들은 어머니의 가르침대로 부지런히 남을 도우며 착실하게 살았다. 과연 이 아들은 어머니에게 좋은 아들인가? 켈러는 과연 이런 상황을 받아들일 수 있겠느냐 되묻는다. 아무리 사회에 헌신하고 존경받을 만큼 좋은 삶을 살아도, 은혜를 준 대상을 무시한다는 것은 책망

받을 일이다.

　마찬가지로 우리의 모든 것이 하나님께 힘입은 것이라면, 우리가 그분을 위해 살지 않으면서 착한 삶을 사는 것으로는 충분하지 않다. 은혜 받은 자들로서 우리가 해야 할 일은 받은 은혜를 나누며 사는 것이다.

　마태복음 18장에는 1만 달란트를 빚진 종에 대한 비유가 나온다. 당시 한 달란트는 일반 노동자 임금의 15년 치에 해당하는 액수이니, 1만 달란트라는 것은 도저히 갚기 어려운 무한한 빚을 표현하는 것이다. 주인에게 큰 빚을 진 종은 갚을 방법이 없자 주인 앞에 엎드려 불쌍히 여겨 달라고 빈다. 주인은 그를 긍휼히 여기며 그 빚을 탕감해 준다. 은혜를 입은 종은 기뻐하며 집으로 돌아가다가 자기에게 1백 데나리온 빚진 동료를 만났다. 1백 데나리온은 1만 달란트와는 비교할 수 없이 적은 돈이다. 그런데 은혜 입은 종은 그 동료의 멱살을 잡으면서 빚을 갚으라고 말한다. 그 사람은 돈을 갚을 수 없어 애걸하며 자비를 구하지만 은혜 입은 종은 그 말을 듣지 않고 그를 옥에 가둔다. 이 소식을 전해 들은 주인은 크게 화를 낸다. 1만 달란트 탕감받은 종을 다시 불러 내가 너를 불쌍히 여김같이 너도 네 동료를 불쌍히 여겨야 함이 마땅하지 않느냐며 그를 옥에 가두었다.

　여기서 예수님이 말씀하고 싶으셨던 것은 무엇일까? 종이 주인에게 빚을 탕감받은 것은 주인의 은혜로 가능했던 것이다. 곧 자신이 불쌍히 여김을 받았다면 다른 사람을 불쌍히 여겨야 한다는 말씀이다. 용서와 자비는 많고 적음의 문제가 아니라 마땅히 할 일이라는 것이다. 이것은 하나님이 우리에게 하셨던 것처럼 은혜받은 우리가 다른 사람에게 은혜를 흘려보내는 것이 얼마나 중요한지 보여 주고 있다.

1900년 무렵 강화 북부 해안 마을에 종순일이란 교인이 있었다. 그는 유학자 출신으로 상당한 부자였다. 소유한 땅도 많았다. 마을에서 그에게 돈을 빌려다 쓰지 않는 사람이 거의 없을 정도였다. 그런 그가 마을 훈장 박능일이 전하는 복음을 듣고 기독교인이 되었는데, 어느 날 마태복음 18장을 읽고 며칠 동안 고민에 빠졌다. 주일 오후, 예배를 마치고 난 뒤 그는 자신에게 돈을 빌려간 마을 사람들을 모두 집으로 불러들였다. 마을 사람들은 빌린 돈을 갚으라는 것인가, 아니면 이자를 높이려는 것인가 하는 두려운 마음으로 모였다. 그는 사람들이 모인 자리에서 성경을 펴서 마태복음 18장 말씀을 읽은 후에 다음과 같이 선언했다.

"오늘 이 말씀에 나오는 무자비한 종이 바로 나외다. 내가 그리스도의 은혜로 죄 사함을 받은 것이 1만 달란트 빚 탕감 받은 것보다 더 크거늘, 여러분에게 돈을 빌려주고 그 돈을 받으려 하는 것이 1백 데나리온 빚을 탕감해 주지 않은 것보다 더 악한 짓이오. 그러다 내가 천국을 가지 못할 것이 분명하니 오늘부로 여러분에게 빌려준 돈은 없는 것으로 하겠소."

그는 이렇게 선포하고 모든 빚 문서를 꺼내 사람들이 보는 앞에서 불태워 없앴다. 그 자리에 함께했던 교회 전도사가 증인이 되었다. 그 일로 마을 사람들은 모두 교인이 되었다. 이것으로 끝이 아니었다. 그는 이후에도 "가서 네 소유를 팔아 가난한 자들에게 주라 그리하면 하늘에서 보화가 네게 있으리라 그리고 와서 나를 따르라"(마 19:21)고 하신 말씀을 읽고 재산을 처분해 교회에 헌납했다. 예수님이 제자들을 짝지어 각 지방과 고을에 보내셨다는 말씀을 읽고는 아내와 함께 봇짐을 메고 전도 여행을 떠났다. 그는 그렇게 섬 지역을 돌며 수십 개의 교회를 개척하면서 평생 가난한 전도자로 생을 마쳤다고 한다.*

은혜받은 자로서 사는 삶이 무엇인지를 뜨겁게 보여 준다. 나눔에 있어 우리가 가져야 할 마음은 우리 역시 하나님의 도움 없이는 살아갈 수 없는 자들이라는 사실을 기억하는 것이다. 우리는 이 자리에 서 있는 것이 하나님의 은혜임을 날마다 고백하며 살아가야 한다. 그 마음을 잃어버린다면 우리의 선행은 자기 자랑이 될 수 있다. 그저 어려운 사람을 도와준다는 일차원적인 선에서 머물 수밖에 없는 것이다.

모든 것은 하나님으로부터 왔다. 내 것이 아닌 것을 나눈다고 생각할 때 겸손해질 수 있다. 자선을 행할 때 이 겸손의

---

* 이덕주, 〈성서한국〉, 봄 46권-1호.

태도야말로 우리에게 절대적으로 필요한 자세다. "지극히 작은 자 하나에게 한 것이 곧 내게 한 것이니라"(마 25:40)는 주님의 말씀을 우리는 끝까지 묵상하며 살아 내야 한다. 지금 내 주위에 있는 지극히 작은 자는 누구인가? 누가 내 이웃인가? 우리는 주님이 내 곁에 머물게 하신 그들을 주께 하듯 섬길 수 있는가?

기독교 자선을 온전히 이루기 위해서는 우리의 마음과 생각을 끊임없이 돌아보고 점검해 보아야 한다. 그리고 하나님의 마음에 합당한 마음을 품어야 한다. 우리는 모두 하나님이 구원하시고자 하는 그분의 피조물이다. 도움을 받는 자들은 영적 공동체에 속한 하나님의 자녀라는 믿음이 있어야 한다. 그들을 돕는 것은 선택이 아닌 은혜 받은 자들로서 마땅히 우리가 해야 할 일이다. 자선은 우리를 향한 하나님의 부르심이다.

**나눔과
적용**

1. 그동안 구제와 섬김의 대상에 대해서 어떤 인식을 갖고 있었
   나요? 하나님의 형상이며 같은 형제 자매라고 했을 때 어떤 마
   음이 드나요?

   _____

2. 성경에서 과부와 고아 나그네는 섬김의 상징적 대상이었습
   니다. 그렇다면 이 시대에서 섬김을 받아야 할 대상은 누구
   일까요?

   _____

3. 나를 사랑하는 자만 사랑하는 것은 누구나 할 수 있는 일이
   겠지요. 그리스도인은 달라야 한다고 합니다. 사람을 사랑
   할 때 어떤 점이 가장 어려울까요?

   _____

4. 만약 내가 선한 사마리아인의 사건 속에서 강도 맞은 자를
   만났다면 어떻게 행동했을까요?

   _____

5. 자선하기 어렵다면 가장 큰 이유는 무엇일까요? 어떤 것이 가장 부담스러운가요?

_____

6. 교회나 기타 다른 단체에서 하는 구제나 나눔 사역에 동참해 본 경험이 있나요? 어떤 마음과 생각을 가지고 자선에 임했나요?

_____

7. 공동체는 평등하며, 함께 짐을 지면서 살아가는 관계입니다. 섬김의 대상을 공동체로서 품고 받아들일 준비가 되어 있습니까?

_____

8. 내가 받은 가장 큰 은혜는 무엇인가요? 그 은혜를 다시 흘려보낼 수 있는 방법에는 무엇이 있을까요?

_____

9. 자선을 행하는 사람이 가져야 할 마음은 무엇이라고 생각하나요?

_____

복지를 넘어
회복을 꿈꾼다

중국 속담에 이런 말이 있다. "한 시간의 행복을 원한다면 낮잠을 자라. 하루의 행복을 원한다면 낚시를 해라. 한 달의 행복을 원한다면 여행을 가라. 일 년의 행복을 원한다면 결혼을 해라. 평생의 행복을 원한다면 남을 도와라."

인간은 누구나 행복한 삶을 원한다. 이를 위해 행복의 조건을 찾는다. 그리고 그 수많은 조건은 대부분 자신의 안락한 삶을 위한 것이다. 그런데 이 중국 속담은 인간에게 순간이 아닌 평생의 행복을 가져다주는 것은 아이러니하게도 타인을 돕는 일이라고 말한다.

인류 역사에는 이 행복의 비밀을 깨달았던 사람들이 있다. 일생을 아프리카에서 의료봉사로 섬겼던 슈바이처 박사도 그중 한 명이다. 그는 회고록에서 이렇게 이렇게 말한다. "우리의 운명이 앞으로 어떻게 전개될지 나는 모른다. 그러나 한 가지는 확실하다. 정말로 행복한 사람은 남에게 어떻게 봉사할지 끊임없이 찾고 발견한 사람이다."

슈바이처 박사의 이 말처럼, 인간은 누군가를 돕고 섬기는 삶을 탐구하고 깨달을 때야 비로소 행복을 누릴 수 있다. 그러나 행복이 소유가 아닌 나눔에서 시작된다는 사실을 아는 사람은 그리 많지 않다.

예수 그리스도 역시 우리에게 행복과 섬김의 상관관계를 분명하게 알려 주신다. 성경에서는 예수 그리스도가 오신 목적을 섬김과 대속으로 증언한다.

인자가 온 것은 섬김을 받으려 함이 아니라 도리어 섬기
려 하고 자기 목숨을 많은 사람의 대속물로 주려 함이니라
막 10:45

예수님은 스스로를 섬기는 자로 비유하셨다. 그리고 인간
의 몸으로 오셔서 십자가에서 죽으심으로 사랑과 섬김의 최
고 절정을 보여 주셨다. 그렇다면 하나님이 그리스도인들
에게 원하시는 것은 무엇일까? 주님이 오셔서 몸소 보이셨
고 또한 우리에게 맡기신 그 사랑의 나눔을 우리도 이어 가
는 것이다. 예수 그리스도가 이 땅에 오신 의미를 온 인류 가
운데 재현하는 것이다. 그것이 기독교가 가진 정체성의 가장
상징적인 모습이라고 할 수 있다.

하지만 안타깝게도 교회에 대한 세상의 시선은 무척이나
싸늘해졌다. 그 말은 곧 교회를 향한 사회의 기대치가 있다
는 것임을 우리는 기억해야 한다. 여전히 많은 그리스도인과
교회가 사회 곳곳에서 움직이고 있지만 그 영향력은 예전 같
지 않다. 그러나 우리는 계속해서 복음으로 세상 가운데 나
아가야 한다. 또한 하나님의 지혜와 지식을 가지고 그분의
사랑을 어떻게 나누어야 할지 끊임없이 물으며 길을 찾아야
한다. 그 답을 찾기 위해서는 그리스도를 따라 섬김의 자리
에서 다시 시작해 봐야 하지 않을까?

하나님이 본을 보이신
선한 삶

기독교 자선이란 무엇일까? 이것을 한마디로 정의하기는 쉽지 않다. 보통 사회복지 개념으로 생각할 수 있으나 명확한 해석은 아니다. 자선이라고 하면 흔히 연말 불우이웃 돕기나 봉사, 기부 같은 이미지로만 생각하겠지만, 이것은 자선을 너무 단편적으로 바라본 것이다. 자선에는 마치 밭에 감추인 보화처럼 그동안 우리가 미처 몰랐던 특별한 의미가 담겨 있다. 눈에 보이는 행위를 넘어 그것이 가진 본질에 무게를 두어야 한다.

우리는 기독교 자선을 이야기하기에 앞서 자선이 어디에서부터 시작되었을까 하는 것을 짚어 보아야 한다. 그 시작은 하나님에게서부터 흘러나온다. 이미 하나님은 선하고 아름다우신 모습으로 우리에게 자선의 본을 보여 주셨다. 태초에 세상은 혼돈과 공허, 흑암 가운데 있었다. 이런 세상을 하나님은 새롭게 빚으셨고, 다스리셨다(창 1:1-2). 그러자 세상은 이전과는 달리 혼돈이 아니라 질서로, 공허가 아니라 충만함으로, 흑암이 아니라 환한 빛으로 변했다. 이처럼 하나님은 세상을 선하고 아름답게 이끄셨다. 이것이 맨 처음 하나님이 우리에게 보여 주신 선한 삶이요 자선의 본래 모습이라고 할 수 있다.

여기에는 하나님의 질서와 원칙이 있다. 시편에 보면 하나

님이 세상과 그 안에 있는 모든 것의 기초를 놓고, 아름다운
질서로 가득 채워 주셨다고 이야기하고 있다.

> 하늘은 주님의 것, 땅도 주님의 것, 세계와 그 안에 가득한 모
> 든 것이 모두 주님께서 기초를 놓으신 것입니다. … 정의와
> 공정이 주님의 보좌를 받들고, 사랑과 신실이 주님을 시중들
> 며 앞장서 갑니다. 시 89:11, 14, 새번역

하나님이 이끄시는 세상의 중심에는 정의와 공정, 사랑과
진실이 있다. 즉 하나님은 사랑과 정의로 세상을 다스리신다
는 것이다. 성경에서 이 사랑과 정의의 의미를 포함하고 있
는 단어가 바로 '체다카'(צדקה)이다. 체다카의 본뜻은 '의로
움'이다. 그런데 히브리어 번역본(HTN)은 마태복음 6장의 산
상수훈에서 구제에도 이 체다카라는 단어를 쓴다.
어떻게 구제와 정의가 같은 뜻일까? 의아할 수 있다. 체다
카에 내포된 정의와 자비의 통합적 의미는 이 두 가지를 인
격적으로 모두 가지고 계신 하나님과의 관계 속에서 해석할
수 있다.
체다카와 함께 성경에 자주 등장하는 단어가 '미쉬파
트'(משׁפּט)이다. 보통은 체다카를 공의로, 미쉬파트를 정의로
번역한다. 다시 말해, 체다카가 정의와 자비의 뜻을 모두 포
함하고 있다면, 미쉬파트는 인과응보의 정의로 설명할 수 있

다.* 이 둘은 하나님의 일하시는 방법이자, 그분의 속성이다. 체다카와 미쉬파트를 통해서 사람의 삶과 형편을 마땅히 있어야 할 자리, 올바른 자리로 회복하시는 것이다. 하나님의 방법으로는 가난한 이들을 돕는 것이 바로 정의라는 것이다. 이것은 우리가 갖고 있던 자선의 개념을 뛰어넘는다.

기독교에서는 흔히 섬김과 봉사의 의미를 헬라어 '디아코니아'(διακουια)에서 찾는다. 디아코니아는 신약에 등장하는 단어로, 교회가 이웃을 향해 행하는 봉사, 선행, 섬김의 행위를 말한다. 선교사들이 선교지에 병원이나 고아원을 지어 운영하는 일들이 다 이 디아코니아 정신에서 비롯된 것이다. 이처럼 예수님이 친히 실천하여 보여 주신 섬김과 봉사는 교회 안에서만이 아니라 세상으로까지 나아간다. 이것은 구제와 봉사에 국한된 이야기가 아니다. 교회의 본질인 복음 선포와 성도들 간의 교제인 '코이노니아'를 완성하며, 교회와 그리스도인의 정체성을 이루는 중요한 바탕이 된다. 그리고 형제 자매와 이웃의 고통에 참여하며, 더 나아가서는 원수까지도 사랑하는 삶으로 구현된다.** 그런데 디아코니아의 뿌리를 찾아가다 보면 자연스럽게 구약의 체다카의 세계와 만

───────────────

* 조너선 색스 저, 임재서 역, 《차이의 존중-문명의 충돌을 넘어서》, (말글빛냄, 2007) pp. 186-216.
**크리스토퍼 스미스, 존 패티슨 저, 김윤희 역, 《슬로처치》, (새물결플러스, 2015) p. 55.

나게 된다.* 때문에 자선의 삶이란 그동안 우리가 생각해 왔던 것보다 훨씬 더 큰 개념이라고 할 수 있다.

고통당하는 자를 외면하지 않으시는 하나님

그렇다면 하나님이 보여 주시는 사랑과 정의의 체다카 세계는 어떤 것일까?

이스라엘 역사는 믿음의 조상 아브라함에서부터 본격적으로 시작한다. 하나님은 그에게 큰 민족을 이루어 복의 근원이 되게 하겠다고 약속하셨다. 그런데 여기에서 주목할 것이 있다. 하나님이 아브라함을 선택하신 이유와 목적이다.

> 아브라함은 강대한 나라가 되고 천하 만민은 그로 말미암아 복을 받게 될 것이 아니냐 내가 그로 그 자식과 권속에게 명하여 여호와의 도를 지켜 의와 공도를 행하게 하려고 그를 택하였나니 이는 나 여호와가 아브라함에게 대하여 말한 일을 이루려 함이니라 창 18:18-19

＊ 크리스토퍼 라이트 저, 김재영 역, 《현대를 위한 구약 윤리》, (IVP, 2015) pp.351-387. ; 팀 켈러 저, 최종훈 역, 《팀 켈러의 정의란 무엇인가》, (두란노, 2012) pp.31-51, pp.81-105.

하나님이 아브라함을 선택하신 이유는 그로 말미암아 천하 만민이 복을 받게 하기 위해서다. 무엇으로 복을 받게 하겠다 하시는가? 아브라함과 그의 자손들이 "의와 공도를 행하게"함으로다. 여기에서의 의와 공도, 즉 정의와 공의가 바로 체다카와 미쉬파트이다.

이 말씀이 나온 배경이 있다. 바로 소돔과 고모라 이야기이다. 우리는 주로 소돔과 고모라가 불과 유황으로 심판받았다는 사실만 기억한다. 그러나 심판에 앞서 중요한 내용이 나온다. 그곳에서 외친 사람들의 부르짖음을 하나님이 들으셨다는 것이다.

> 여호와께서 또 이르시되 소돔과 고모라에 대한 부르짖음이 크고 그 죄악이 심히 무거우니 내가 이제 내려가서 그 모든 행한 것이 과연 내게 들린 부르짖음과 같은지 그렇지 않은지 내가 보고 알려 하노라 창:18 20-21

하나님은 소돔과 고모라에서 고통받던 자들의 울부짖음을 들으셨다. 결코 연약한 자들의 고통을 외면하지 않으셨다. 그리고 하나님은 그들이 하나님으로부터 흘러오는 올바른 관계 안에 살아가기 원하셨다. 그들의 삶이 마땅히 있어야 할 자리로 회복되기를 바라셨다. 이것은 단지 소돔과 고모라만이 아니라 세상 모든 사람을 향하신 하나님의 마음이요, 뜻이다. 이것은 단순히 심판의 정의가 아닌 사랑을 품은 정의, 바로 체다카의 정신이다.

하나님의 체다카가 강력하게 드러난 대표적 이야기는 이스라엘의 출애굽 사건이다. 그 당시 애굽은 이스라엘 백성의 자유를 빼앗았다. 그뿐만 아니라 노동한 결과물에 대한 권리, 하나님을 예배할 권리, 심지어 자식을 낳을 수 있는 권리까지 앗아갔다. 하나님은 압제받고 고통당하는 이스라엘 백성을 그냥 두지 않으셨다. 그들의 부르짖음을 들으셨다. 그들에게 관심을 두고 움직이셨다. 그리고 아브라함과 이삭과 야곱에게 세운 언약을 기억하셨다(출 2:23-25). 마침내 하나님은 애굽을 심판하셨고, 출애굽을 통해 이스라엘 백성을 건져 내셨다. 그들의 삶을 마땅히 있어야 할 자리로 회복시켜 주신 것이다.

이것으로 볼 때, 하나님이 보여 주시는 체다카의 세계는 연약한 자를 돌보는 것으로 국한되지 않는다. 선행은 물론 사회 정의를 이루는 것까지 포괄한다. 이것이 바로 우리의 선한 삶, 기독교 자선이 추구해야 할 본래 모습이다.

사랑은 행동으로
이어져야 한다

누군가는 "하나님은 연약하고 가난한 자들의 편만 들어

주시는 분인가?"라고 질문할 수 있다. 하나님은 분명 언저리로 밀려난 사람들의 궁핍과 눈물에 특별히 관심을 기울이신다. 하나님은 자신을 고아의 아버지, 과부의 재판장이라고 말씀하신다(시 68:5). 또한 억눌린 자들을 위해 정의로 심판하시며, 주린 자들에게 먹을 것을 주시고, 갇힌 자들에게 자유를 주시는 분이라고 말씀한다(시 146:7). 이렇게 성경에 등장하는 하나님의 소개만 보아도 그분은 힘 없고 연약한 자들의 형편을 누구보다 잘 헤아리는 분이며, 이들에게 얼마나 큰 관심을 갖고 계신지 너무도 명확하게 드러난다.

그러나 한 가지 기억해야 할 것이 있다. 가난한 자들의 편이라는 것이 이들의 죄악에도 눈감아 주신다는 말은 아니다. 부유한 자도 가난한 자도 하나님 앞에서는 모두 죄인이다. 다만 하나님이 약한 자들의 편에 서 계신 이유를 헤아려 보아야 한다.

철학자 니콜라스 월터스토프(Nicholas Paul Wolterstorff)는 사회적 지위가 낮은 계층일수록 일방적으로 정의에 취약하다고 말했다. 그들은 불의의 희생자가 되는 빈도수 역시 불균형적으로 높으며, 공정한 대우는 양쪽 계층에 골고루 배분되지 않는다고 설명했다. 자신을 방어할 재력이나 사회적 지위가 없는 이들이 정의롭지 못한 일을 당하기 쉽다는 것은 너무도 자명하며, 사회가 외면하고 있는 불편한 진실 중 하나이다. 이것이 바로 하나님이 이들을 살피시는 이유이다.

중요한 것은 하나님이 과연 누구의 편이냐를 따지는 것이 아니다. 그보다 우리가 살펴야 할 것은 하나님의 마음이 어디를 향하고 있는지다. 그리고 그분의 마음으로 이 땅을 살아가야 한다. 하나님의 정의는 사랑으로 불의를 덮는 것이 아니며, 심판으로만 끝나지도 않는다. 그분의 올바름은 사랑하는 그의 백성들이 어그러진 자리에서 회복되어 원래의 온전한 모습으로 돌아오는 것이다. 그리고 하나님은 우리 역시 사랑을 품은 정의를 통해 하나님의 복으로 이 땅을 가득 채워 가길 바라신다. 이것은 우리를 향한 하나님의 강력한 요청이다.

하나님은 우리를 통해 당신의 뜻을 이루고 세상을 선하고 아름답게 만들어 가길 원하신다. 이를 위해 우리가 따라야 할 본보기로서 예수 그리스도의 삶을 보여 주셨다. 예수님은 사회적으로 소외된 계층과 함께 먹고 어울리셨으며(마 9:10-13), 의지할 데 없는 과부의 아들을 살리셨고(눅 7:11-16), 또한 아이들에게도 특별한 관심을 쏟으셨다(눅 18:15-16). 사회의 가장 밑바닥 계층이었던 한센병 환자들마저 예수님의 사역에는 중요한 부분이었다. 예수님은 이들과 함께하시고, 이들을 도우셨으며, 공동체 안으로 회복시켜 주셨다.

마더 테레사는 평생을 가난한 이들의 어머니로서 나눔과 섬김의 삶을 살았다. 하루는 한 남자가 테레사를 찾아왔다. 아이가 여덟 명이나 되는 가정이 있는데 너무 가난해서 벌

써 여러 날 동안 아무것도 먹지 못했다고 했다. 테레사가 그 집을 찾아갔을 때, 정말로 아이들은 오랜 영양실조로 얼굴에 뼈만 남아 있었다. 그들의 얼굴에는 슬픔이나 불행 같은 표정이 없었다. 단지 배고픔으로 인한 고통만이 있을 뿐이었다.

테레사가 그 집 어머니에게 쌀을 주자 그녀는 쌀을 두 몫으로 나누더니 절반을 들고 밖으로 나갔다. 잠시 후 그녀가 돌아오자 테레사는 어딜 다녀왔는지 물었다. 그러자 그녀가 답했다.

"이웃집에요. 그 집도 배가 고프거든요!"

테레사가 고백하길, 그녀가 쌀을 나누어 준 것에 대해서는 그다지 놀라지 않았다고 했다. 가난한 사람은 실제로 더 많이 나눌 줄 아니까 말이다. 다만 테레사는 그녀가 이웃의 배고픔을 알고 있었다는 사실에 놀랐다고 한다.

하나님은 우리가 엄청나게 큰 무언가를 시작하길 바라시지 않는다. 내 형편 가운데서도 이웃을 생각할 수 있는 마음을 원하신다. 세상을 선하게 만들어 가는 것은 행동하는 사랑이다. 테레사는 사랑이 그 자체로 머무른다면 의미가 없다고 했다. 사랑은 행동으로 이어져야 하고 그 행동이 바로 섬김이라고 말한다.

비록 현실이 그렇지 못하더라도 하나님의 역사는 멈추지 않는다. 계속해서 그 구원의 뜻을 이루어 가실 것이기 때문이다. 그리고 그 일을 위해 우리를 부르고 계신다. 우리를 통해 사랑을 품은 정의, 정의가 깃든 사랑의 삶, 체다카의 세상을 회복해 가길 원하신다.

체다카 회복은
예배와 일상의 자리에서부터

그렇다면 체다카의 온전한 회복을 위해 우리는 무엇을 어떻게 해야 할까? 시작은 일상의 자리에서부터, 무엇보다 예배에서 출발해야 한다. 성경은 여기에서부터 체다카 정신을 실천하도록 요구한다. 이는 자선의 삶이 결코 관념이 아니라 실재임을 강조하는 것이다.

구약에는 유대교의 다양한 절기와 그들의 전통이 등장하는데, 여기에는 하나님의 정의와 사랑의 개념인 체다카의 요소가 무수히 담겨 있다.

> 너는 엿새 동안에 네 일을 하고 일곱째 날에는 쉬라 네 소와
> 나귀가 쉴 것이며 네 여종의 자식과 나그네가 숨을 돌리리라
> 출 23:12

> 네 하나님 여호와 앞에 칠칠절을 지키되 네 하나님 여호와께
> 서 네게 복을 주신 대로 네 힘을 헤아려 자원하는 예물을 드

리고 너와 네 자녀와 노비와 네 성중에 있는 레위인과 및 너
희 중에 있는 객과 고아와 과부가 함께 네 하나님 여호와께
서 자기의 이름을 두시려고 택하신 곳에서 네 하나님 여호와
앞에서 즐거워할지니라 신 16:10-11

너희 타작 마당과 포도주 틀의 소출을 거두어 들인 후에 이
레 동안 초막절을 지킬 것이요 절기를 지킬 때에는 너와 네
자녀와 노비와 네 성중에 거주하는 레위인과 객과 고아와 과
부가 함께 즐거워하되 신 16:13-14

안식일은 하나님께 예배드리는 날인 동시에 쉼을 얻는 자
리이다. 이날은 가축은 물론이요, 종들과 나그네들도 함께
쉬라고 말씀하신다. 그뿐만 아니라 유대인들의 중요한 절기
로, 첫 수확을 드리는 칠칠절과 한해 농사를 마치는 초막절
이 있는데, 이때도 예배의 자리에 노비와 객과 고아와 과부
들을 초청해 그들과 함께 즐거워하라고 말씀하신다. 가장 놀
라운 말씀은 희년에 대한 것이다.

너는 일곱 안식년을 계수할지니 이는 칠 년이 일곱 번인즉
안식년 일곱 번 동안 곧 사십구 년이라 일곱째 달 열흘날은
속죄일이니 너는 뿔나팔 소리를 내되 전국에서 뿔나팔을 크
게 불지며 너희는 오십 년째 해를 거룩하게 하여 그 땅에 있

는 모든 주민을 위하여 자유를 공포하라 이 해는 너희에게 희년이니 너희는 각각 자기의 소유지로 돌아가며 각각 자기의 가족에게로 돌아갈지며 레 25:8-10

이 희년의 선포는 급진적이며 너무도 놀라운 변화이다. 희년의 때에 모든 주민에게 자유가 주어지고 각자 자신의 소유지로 돌아가 다시 시작할 수 있는 기회를 주시기 때문이다. 이처럼 하나님은 안식일마다, 절기마다, 그리고 희년을 통해서 당신의 마음을 백성들에게 알려 주셨고 되새기게 하셨다. 우리의 삶에서 연약한 자들과 함께 기뻐하고 즐거워하며 살아가도록 하시며, 이것을 예배의 자리에서부터 실천하도록 하신 것이다.

지금도 마찬가지다. 우리는 오늘 예배의 자리에서 선하고 아름다운 삶, 자선의 본질을 되새겨야 한다. 그리고 우리 마음을 하나님 마음에 합하도록 조율해야 한다. 우리는 예배를 통해 세상과 이웃을 바라보는 시선을 새롭게 할 수 있다. 또한 정의가 깃든 사랑을 시작할 수 있다.

기독교가 처음 이 땅에 들어왔을 때, 조선에는 신분제도가 있었다. 그런 세상에서 천민 중 천민인 백정은 사람다운 대접을 받지 못했다. 백정들은 자기들끼리 집단으로 촌을 이루며 살았는데, 이런 백정 마을은 가까이해서는 안 되는 경계 지역과 다름없었다.

1895년, 서울 관자골에 있던 백정 마을에 박성춘이란 백정이 살았다. 그가 중병에 걸렸을 때 사무엘 무어(Samuel F. Moore) 선교사가 제중원(현 세브란스병원)의 올리버 에비슨(Oliver R. Avison) 선교사와 함께 관자골을 찾아갔다. 에비슨은 당시 고종을 치료하는 의사로 궁궐을 출입했는데, 조선시대로 말하자면 왕을 치료하는 어의와도 같은 위치였다. 그런 의사가 백정 마을에 나타난 것은 당시로써는 있을 수 없는 일이었다. 에비슨의 치료로 살아난 박성춘은 은혜를 갚는 심정으로 무어가 사역하던 교회에 나갔다. 그런데 그 교회는 양반 마을인 곤당골에 있었다. 그런 교회에 백정이 왔으니 문제가 생길 것은 당연했다. 양반 교인들은 박성춘을 다른 교회로 보낼 것을 요구했다. 하지만 무어는 하나님 앞에서 어찌 인간이 다를 수 있겠냐며 이를 거절했다. 결국 양반들은 따로 나가 홍문수골에 교회를 세웠다.

박성춘은 양반들이 떠난 빈자리를 채우기 위해 백정 마을을 찾아다니며 전도했다. '백정으로 태어나 사람 대접도 못 받고 살아온 우리를 사람대접 해 주는 곳이 있다'는 박성춘의 이야기를 듣고 백정들은 그를 따라 교회에 나가기 시작했다. 덕분에 양반교회였던 곤당골교회는 백정과 천민들로 가득 차게 되었다. 홍문수골로 나간 양반들은 이런 곤당골교회를 '첩장교회'(첩살이하는 여인들과 백정들이 다니는 교회)라며 무시했지만 교회는 계속 성장했다. 그런데 놀랍게도 그로부터

3년 후 양반들이 먼저 자신들의 교회와 곤당골교회를 합치자고 제안해 왔다. 모두가 이 제안을 좋게 여겼고, 탑골에 새 예배당을 마련하게 되었다. 양반도, 천민도 모두가 함께 예배드리는 새로운 교회가 시작된 것이다. 이 교회가 바로 서울 인사동에 있는 승동교회이다.*

승동교회 이야기는 예배가 그들의 삶을 완전히 새롭게 바꾸어 놓았음을 보여 준다. 물론 시간이 걸리긴 했지만, 그들은 자신들의 일상에서 정의와 공의가 깃든 하나님의 사랑을 직접 실천했다. 체다카가 회복된 것이다. 승동교회 성도들은 세상의 잘못된 질서를 바로 세우고, 하나님이 원하시는 세상을 교회에서부터 시작했다.

유대인들은 이러한 체다카 정신으로 교회와 가정을 중심으로 일터와 생업 현장에서도 세상을 변화시키는 역할을 함으로써, 인간을 존중하는 자선 실천의 방법에 방향성을 보여 준다. 특히 유대교인은 가정을 '아비의 집'(베이트 아브)이라고 부르며 하나님 나라의 가장 중요한 실체로 여긴다. 아비의 집은 체다카에 대한 하나님의 역사를 교육하고, 경험하며, 실천하는 곳이다. 그러므로 연약한 자들을 돌보시고 세상을 회복시키는 하나님의 체다카 정신을 가정에서 서로 나누며 함께 실천해 나가는 것은 무엇보다 중요한 일이라고 할 수 있다.

◇◇◇◇◇◇◇◇◇◇◇◇◇◇◇

* 이덕주 저, 《한국 교회 처음 이야기》, (홍성사, 2006) pp. 110-111.

무엇으로 선한 삶을
살 수 있을까

선한 삶, 즉 자선의 삶은 지금 내가 가진 것들이 사실은 완전한 내 소유가 아니라 잠시 맡겨진 것에 불과하다는 사실을 깨달을 때 가능하다.

누가복음 12장의 비유를 보면, 한 부자가 밭에서 풍성한 소출을 거둔다. 얼마나 많이 거두었는지 곡식을 쌓아 둘 곳이 없을 정도였다. 그 부자는 곳간을 더 크게 짓고, 그곳에 곡식과 재산을 쌓아 둘 계획을 하며 즐거워한다. 하지만 앞으로 편히 먹고 살 날을 기대하고 있는 그에게 하나님이 이렇게 말씀하신다.

> 하나님은 이르시되 어리석은 자여 오늘 밤에 네 영혼을 도로 찾으리니 그러면 네 준비한 것이 누구의 것이 되겠느냐 하셨으니 눅 12:20

이것은 그 부자의 재물이 그의 것이 아니라 하나님 것임을 알려 주시는 대목이다.

지금 무엇을 가지고 있는가? 물질이든, 건강이든, 재능이든 내가 가진 것은 원래 내 것이 아니다. 그 모든 것이 내 것이라는 생각은 착각이다. 모든 것은 하나님으로부터 왔다. 그저 내게 잠시 맡겨 주신 것일 뿐이다. 그리고 하나님이 그것을 언제 어떻게 다시 찾아가실지 우리는 알지 못한다. 우리는 이 사실을 기억해야 한다.

하나님은 우리가 잠시 맡고 있는 것을 어떻게 나누며 살아가는가에 관심을 두신다. 이것들을 어떻게 사용하느냐에 따라 우리는 충성된 청지기가 될 수도, 불의한 청지기가 될 수도 있다. 하나님은 정의가 깃든 사랑의 손길로 세상을 선하고 아름답게 만들어 가라고 우리에게 많은 것을 주셨다. 그래서 우리는 그것이 무엇이든 가진 것을 사용할 때는 늘 주인의 뜻을 묻고 그분의 마음에 합당하게 사용해야 한다.

예수님은 가난한 이들에게 값없이 베풀고 구제하는 의를 행하라고 말씀하셨다. 우리는 이 부자의 비유를 통해서 의가 무엇인지, 불의가 무엇인지를 알 수 있다. 불의는 자기를 위해 재물을 쌓아 두고 후하게 베풀지 않는 것이다. 연약한 자들을 돌보지 않는 것이다. 사랑의 손길을 내밀지 않는 것이다.

그러므로 자선의 삶을 살지 않는 것은 인색하고 말고로 끝날 문제가 아니다. 그것은 달리 말해 하나님이 맡겨 주신 청지기로서의 삶을 살지 않는 것이기에 불의한 삶을 사는 것과 같다. 그만큼 우리는 자선을 단순한 나눔이 아니라 청지기로서의 사명감을 갖고 감당해 나가야 한다.

축복의
사각지대가 없도록

사실 자선의 삶은 신앙이 없어도 가능하다. 가난한 자를 살피고 가진 것을 나누는 일은 신앙의 여부와 상관이 없다. 다만 하나님의 뜻은 단순히 베푸는 행위가 아니라 그분의 정의와 공의가 흐르는 것이다.

따라서 '기독교 자선'은 일반적인 사회복지의 관점을 넘어서는 것이다. 사회복지가 인본주의를 바탕으로 인간의 행복 추구에 목적을 둔다면, 기독교 자선은 신앙을 바탕으로 하나님의 뜻을 성취하는 것이 목적이다. 그러므로 기독교 자선은 단순히 섬김이라는 표현을 넘어 하나님 나라를 이루어 가는 실천으로서, 하나님의 정의와 사랑이 담긴 체다카의 큰 의미에서 이해하고 실천해야 한다. 이것이 기독교 자선의 본질이다.

하나님이 우리에게 보여 주신 아름답고 선한 모습이 있다. 세상을 다스리시는 하나님의 질서, 하나님의 충만한 아름다움이 있다. 그것은 하나님의 사랑과 정의이다. 그 손길은 고통 가운데 있는 자들과 연약한 자들을 돌보시는 손길이며, 이 땅의 어그러진 것들을 올바른 관계로 회복시키는 손길이다. 또한 개인과 공동체, 사회 곳곳의 자리가 변화되며 아름답게 회복되는 손길이다. 하나님은 바로 우리를 통해 그 일을 하길 원하신다. 이것은 곧 그리스도인으로서 정체성을 다시 회복하는 일이기도 하다.

바울이 자신의 몸에 예수의 흔적을 가졌다고 고백했던 것처럼 우리의 삶에도 선하고 아름다운 흔적이 남아야 한다. 하나님이 돌아보셨던 가난하고 연약한 자들을 섬긴 흔적, 고통 가운데 부르짖는 이들에게 위로와 소망이 되어 준 흔적이 있어야 한다. 그래서 하나님의 복이 모든 나라, 모든 백성에게 풍성하게 흘러가도록 해야 하며 축복의 사각지대가 없도록 해야 한다.

누군가는 가난한 이들이 넘쳐나는 이 사회에 어떤 일을 할 수 있을까 물을 수 있다. 때로는 자신의 작은 도움이 무슨 힘이 있을까, 무슨 유익이 있을까 의구심이 들 수도 있을 것이다. 피터 싱어(Peter Singer)의 《물에 빠진 아이 구하기》에 보면 이런 이야기가 나온다. 해일이 쓸고 지나간 동부 해안에 한 사람이 서 있다. 그는 수십만 마리의 불가사리가 해변에서 말라 죽어 가는 것을 바라보며 절망에 빠져 있었다. 그런데 멀리 허리를 굽혔다 폈다를 반복하고 있는 사람이 보였다. 가만 보니 그는 손으로 불가사리를 한 마리씩 집어서 바다에 던져 넣고 있었다. 해안에서 절망하던 사람이 그에게 물었다.

"당신이 그렇게 한다고 이 많은 불가사리를 어떻게 할 수 있을까요?"

그러자 그는 이렇게 대답했다.

"내가 이 모든 불가사리를 다 살릴 수는 없지만, 몇 마리의 불가사리의 삶은 바꿀 수 있지 않겠습니까?"

우리도 자신의 자리에서 할 수 있는 한 그렇게 해야 한다.

월드비전의 스턴스는 "자선은 누군가를 위해 돈을 내놓으면서 자신이 누리는 것에 대해 위안을 삼는 것이 아니다. 진정한 의미의 삶은 하나님이 우리에게 기대하시는 것이 무엇인가에 스스로 답하는 것이다"라고 말했다.

우리가 하는 일이 그저 망망한 바다에 떡을 던져 넣는 것처럼 보일 수도 있다. 그러나 전도서에서 하나님은 기꺼이 우리의 떡을 물에 던지라고 하셨다. 그리고 분명 여러 날 후에 도로 찾겠다고 말씀하셨다(전 11:1). 세상의 눈으로 보면 바다에 던진 떡을 다시 거두다니, 막연하고 불가능해 보일 수 있다. 내가 한 일이 하찮고 작게 느껴질 수도 있다. 그러나 기독교 자선은 하나님의 약속과 그 역사를 믿는 믿음 안에서 나아가는 일이다. 우리는 그 믿음을 가지고 이제 하나님이 우리에게 바라시는 것이 무엇인가에 대한 물음에 답을 해야만 한다. 하나님은 기쁘게 자신의 떡을 던지는 자를 찾고 계신다.

**나눔과
적용**

1. 평소 자선을 어떻게 생각하고 있었나요?

_____

2. 그동안 경험해 본 자선이 있나요? 받았던, 혹은 내가 직접
   해 본 경험이 있다면 그때의 느낌과 함께 이야기 나누어 보
   세요.

_____

3. 왜 사회는 교회를 비판적으로 바라볼까요? 그런 시선에서
   벗어나 회복하기 위한 방법으로 무엇이 있을까요?

_____

4. 일반 자선과 기독교 자선의 차이점이 있다면 무엇일까요?

_____

5. 흔히 자선을 구제나 봉사, 불우이웃돕기, 기부 등으로 생각
   합니다. 나는 자선의 범위를 어디까지라고 생각하나요?

_____

6. 성경에서 말하는 하나님의 체다카는 무엇일까요?

_____

7. 내가 생각하는 정의와 공의는 어떤 모습인가요?

_____

8. 세상 모든 것은 하나님이 기뻐하시는 모습으로 회복되어야
   합니다. 그중 가장 먼저 체다카가 이루어져야 할 부분은 어
   디라고 생각하나요?

_____

9. 자신의 영역에서 체다카를 이루고 싶은 부분은 어디이며,
   그것은 어떻게 가능할까요?

_____

자선은 사회를
개혁하는 힘이 있다

온고지신(溫故知新)이라는 말이 있다. 옛것을 익히고, 그것을 통해 새것을 안다는 뜻이다. 그리스도인에게도 이 온고지신의 정신이 필요하다. 지난날 믿음의 선진들이 그리스도인으로서 치열하게 살아 내고자 했던 것은 어떤 삶이었는지, 시대와 말씀 속에서 우리가 배워야 할 것은 무엇인지 생각해 볼 필요가 있다.

기독교 자선은 오랜 세월 세계 기독교 역사와 그 궤적을 함께해 왔다. 특히 그 걸음에서 자선은 행동하는 복음으로써 사람들에게 하나님의 살아 계심을 전하는 통로가 되었고, 사회의 많은 분야를 변화시켜 왔다. 폴 존슨(Paul Johnson)의 《기독교의 역사》에 따르면, 신앙인들이 기독교 정신을 바탕으로 서로 사랑하고 공동체적 자선 활동을 보여 주었을 때 이방인들이 가장 크게 감동받았다고 한다. 사랑의 나눔이야말로 복음이 무엇인지를 세상 사람들에게 가시적으로 보여 줄 수 있는 통로인 것이다.

무엇보다 초대 교회부터 지금에 이르기까지 각 시대를 이끈 신학자들은 기독교 자선을 구원의 본질과 신앙의 성숙, 예배의 핵심적 요소로 이해했다. 설교자이자 실천가였던 그들은 그리스도인들에게 자선에 대한 성경적 관점과 실천적 요구를 끊임없이 가르치고 제시해 왔다. 그들은 무엇을 가르쳤으며, 우리는 그들의 가르침 속에서 무엇을 배워야 할지 온고지신의 자세로 살펴보자.

재물은 누구의 것이며
왜 존재하는가

자선에서 가장 필요한 것 중 하나는 물질이다. 따라서 그리스도인이 이 물질에 대해 어떤 가치관을 갖고 있는가 하는 문제는 자선을 행할 때 매우 중요하다. 물질을 어떻게 바라보느냐에 따라서 저마다 삶의 태도가 달라진다. 물론 하나님을 따를지 돈을 따를지의 결정은 각자의 몫이다. 그러나 그 재물이 우리 손에 있는 이유는 어느 시대건 명확하다. 그것은 분명 이웃을 위한 것이다.

기독교 신학과 교회 공동체의 기초를 마련한 초대 교부들의 주요 설교를 보면 재물에 대한 소유권과 그 재물이 왜 있어야 하는지, 물질의 존재 이유에 대해 가르쳤다. 2세기 로마 제국에서 가장 번성한 도시는 알렉산드리아였다. 이곳 사람들에게 돈은 그야말로 절대적 가치였다. 그런데 당시 이 지역에서 활동한 신학자 클레멘스는 물질에 대한 욕망으로 가득한 사람들에게 그 물질이 누구의 것인지를 전했다. 그는 가진 것을 팔라는 성경의 말씀은 지금 있는 소유물을 다 포기하라는 뜻이기보다 우리의 영혼이 무언가를 소유하고자 하는 열망에서부터 자유로워져야 한다는 데에 핵심이 있다고 가르쳤다. 그것은 곧 모든 재물이 하나님으로부터 왔으며, 우리가 재물을 갖는 이유는 이웃을 위해서라는 것이다. 이 사실을 알고 있는 사람은 재물에 대해 초연할 수 있다. 재물이 없어질 때도 그 상실감을 견딜 수 있다.*

시대를 막론하고 물질에 대한 인간의 욕망은 언제나 존재한다. 갖고 있어도 더 갖고 싶어 하는 것이 인간의 마음이기 때문이다. 그러나 한 사람이 두 주인을 섬기지 못한다. 두 가지를 섬기면 그중 더 사랑하는 것이 생긴다. 따라서 하나님과 재물을 겸하여 섬기지 못하는 것이다(마 6:24). 하나님을 잠시라도 떠나면 돈은 너무도 쉽게 우리 마음을 사로잡는다. 마침내 하나님이 계셔야 할 자리를 꿰차고 앉아 큰 우상이 되어 버리곤 한다. 이런 신앙인들을 향해 신학자이자 철학자였던 아우구스티누스는 "재물은 향유의 대상이 아니라 사용의 대상이며 하나님의 뜻을 행하는 도구여야 한다"고 했다.**

자선은 하나님이 우리에게 주신 재물을 가치 있고 의미 있게 사용하는 일에 길을 내어 준다. 그리스도인들은 성경에 "돈을 사랑함이 일만 악의 뿌리가"(딤전 6:10) 된다는 말씀 때문에 돈에 대해 공식적으로 이야기하는 것을 부정적으로 생각하기도 한다. 그러나 악은 하나님보다 돈을 더 사랑했을 때 일어난다. 사실 돈 자체는 선한 것도 악한 것도 아니다.

---

* 한국교부학연구회 하성수 역주, 《알렉산드리아의 클레멘스, 어떤 부자가 구원받는가》, (분도출판사, 2018) pp. 30-44.

** 박승찬 저, 《아우구스티누스에게 삶의 길을 묻다》, (가톨릭출판사, 2017) pp. 192-196.

다만 사람이 이 돈을 어떻게 사용하느냐에 따라 악한 것이 되기도 하고 선한 것이 되기도 한다. 다시 말해 돈은 올바른 가치관에 따라 사용하면 얼마든지 선하게 활용할 수 있다는 뜻이다.

감리교의 창시자인 존 웨슬리(John Wesley)는 "돈의 사용법"이라는 설교에서 세 가지 원칙을 내세웠다. 첫째는 자신의 건강과 마음과 이웃을 해치지 않는 선에서 정당하고 올바른 방법으로 '할 수 있는 한 많이 벌 것', 둘째는 사회와 자기 만족, 낭비를 경계하는 차원에서 '할 수 있는 한 많이 저축할 것', 셋째는 도움이 필요한 사람들에게 '할 수 있는 한 많이 줄 것'이다. 즉 우리가 많이 벌고 많이 저축해야 하는 이유가 결국은 많이 나누기 위해서라는 것이다. 이렇게 우리의 수입과 저축, 기부 활동은 모두 하나님께 자신을 드리는 수단이다.*

그리스도인에 대한 평가는 우리 안에서보다 밖에서 더 분명하게 내려진다. 인도에서 활동하던 스탠리 존스(Stanley Jones) 선교사가 한 힌두교인 아이에게 진정한 그리스도인은 어떤 사람이라고 생각하느냐고 물었다. 그 아이는 "다른 모든 사람과 구별되는 사람이요"라고 대답했다고 한다. 그리스도인

∞∞∞∞∞∞∞∞∞∞

* 박영범, "웨슬리의 부(富) 이해를 바탕으로 한 공감교회론 연구", 〈한국조직신학논총〉 Vol. 56, (한국조직신학회, 2019) pp. 173-175.

은 세상 사람들과 구별되는 가치관을 가진 사람들이어야 한다. 우리가 가지고 있는 물질의 참 소유주가 누구인지, 하나님이 재정을 주신 이유가 무엇인지를 깨닫는 사람들이어야 한다.

어떤 사람들은 자선이 사회적으로 높은 위치에 있거나 부자에게만 해당하는 이야기라고 생각한다. 그러나 제37대 콘스탄티노플의 대주교였던 요한 크리소스토무스는 없으면 없는 대로, 있으면 있는 대로 각자의 형편에 맞게 동참하자고 권면했다.* 자선은 부유한 자만 하는 것이 아니라 성도라면 누구나 해야 하는 일임을 깨닫게 한다. 많든 적든 상관없이 자신의 형편껏 나눔에 동참하는 훈련은 지금 시대를 살아가는 성도들에게도 꼭 필요한 영역이다.

자선은 결코 나눌 것이 많다고 할 수 있는 것이 아니다. 하고자 하는 마음이 있어야 할 수 있다. 당장 내가 쓸 것도 부족하다고 여기다가도 마음에 감동이 오면 기꺼이 물질을 내놓기도 하지 않는가. 보물이 있는 곳에 마음도 있다(눅 12:34)는 말씀처럼 우리의 물질이 있는 곳에 마음이 있는 것은 당연하다. 지금 우리의 마음은 어디로 향해 있는가?

◇◇◇◇◇◇◇◇◇◇◇◇

* 한국교부학연구회 최문희 역주, 최원오 해제, 《요한 크리소스토무스, 참회에 관한 설교/자선》, (분도출판사, 2019) pp. 233-266.

흩어 구제하여도 더욱 부하게 되는 일이 있나니 과도히 아껴도 가난하게 될 뿐이니라 구제를 좋아하는 자는 풍족하여질 것이요 남을 윤택하게 하는 자는 자기도 윤택하여지리라 잠 11:24-25

하나님의 계산법은 우리와 다르다. 하나도 버리는 것이 없으시다. 오히려 나눌 때 하늘의 창고에 쌓이며 구제할수록 우리를 더욱 풍족하게 만드신다. 줄수록 누르고 흔들어 넘치도록 우리에게 다시 안겨 주신다. 이처럼 하나님의 뜻대로 재물을 사용할 때는 언제나 우리 생각을 뛰어넘는 은혜가 이어진다. 그러니 나눌수록 남는 장사가 아닌가.

자선으로 사회를 개혁할 수 있는가

자선의 영역은 어디까지일까? 이 질문은 현대에도 여전히 우리에게 던져진 숙제와 같다. '주님이라면 어떻게 하셨을까'를 끊임없이 물으며 도움이 필요한 이들의 삶에 대하여 깊이 생각하고 고민해야 한다.

개신교의 시작을 이끈 16세기 종교개혁자들은 개혁의 방향을 신앙인의 믿음뿐 아니라 자선 활동까지 확대했다. 특히 자선의 영역이 사회 개혁까지 나아가야 한다고 강조했다. 특별히 마르틴 루터(Martin Luther)는 국가가 사회복지의 주체로서 빈민을 구제할 수 있는 법과 제도를 만들어야 한다고 주장했다. 실제로 그는 '라이스니히 공동복지함' 법령 제정에 적극적으로 참여했다. 이 법령은 개신교가 받아들인 세금으로 가난한 자들을 돌보는 의무를 갖게 하고, 이자 없는 대출, 궁핍한 때를 위한 곡물 저장, 병원과 같은 공공건물 유지를 위한 재정 비축, 이주자들의 정착 지원, 당시 국가의 재산 몰수로 어려움에 처했던 교회와 수도자들 지원 등의 목적으로 운영되었다. 국가가 해야 할 일들을 기독교가 나서서 한 것이다. 이것은 이후 영국의 사회복지제도에 큰 영향을 미쳤다.

장 칼뱅(John Calvin) 역시 이주 외국인들을 위한 기금 마련과, 빈민들에게는 이자를 받지 않도록 하는 경제 논리를 통해 노동과 임금 등 사회 구조적 영역에까지 영향을 미치는 자선 활동을 강조했다.* 이는 그리스도인들이 그동안 가졌던 자선에 대한 개념을 완전히 뒤바꿔 놓았다. 단순한 선행을 넘어 사회의 실제적 문제를 외면하지 않고 함께 고민하고 참여하도록 도전을 준 것이다.

존 웨슬리(John Wesley)는 가난한 자들을 위한 신용 조합을

◇◇◇◇◇◇◇◇◇◇◇◇◇

* 박성철, "장 칼뱅의 신학 속 종교개혁과 디아코니아의 상관관계에 대한 연구", 〈한국개혁신학〉 Vol. 63, (한국개혁신학회, 2019) pp. 150-160.

만들고 직업을 알선해 주며, 교도소 개혁과 노예 제도 반대, 여성 지위향상 운동 등 폭넓은 사회 운동을 전개했다. 무엇보다 그는 자신이 설교한 내용대로 가난한 이들과 함께 평화의 공동체를 만들어 가고자 노력했다. 그러면서 자선이란 억압받는 모든 사람을 위한 것이며, 빈곤과 억압을 만드는 사회와 문화에 대한 개혁도 포함된다는 것을 증명해 갔다.

이들의 주장은 결코 공허한 외침으로 끝나지 않았다. 그들은 누구보다 치열하게 자신이 주장한 대로 살아 내고자 몸부림쳤다. 이들이 이토록 뜨겁게 나아갈 수 있었던 동력은 과연 무엇이었을까? 그것은 철저한 자기 부정과 하나님에 대한 인정이었다.

우리 인생의 목적은 성공이 아니라 하나님을 영화롭게 하며 영원토록 즐거워하는 것이다. 인류 역사의 궁극적 목적도 바로 하나님의 영광에 있다.* 그러나 인간은 죄성을 가진 존재이기에 자신을 철저히 부정하지 않으면 하나님의 영광을 추구할 수 없다. 또한 타인을 사랑할 수도 없다. 그런데 이러한 자기 부정마저도 내 힘이 아니라 하나님의 은혜가 있어야 가능하다. 그러므로 우리는 하나님의 은혜로 말미암아 타인을 섬기고 사랑할 수 있다.** 내가 죽어야 내 안에 그리스도가

---

* 한국칼빈학회, 〈칼빈연구〉 Vol. 3, (한국장로교출판사, 2005) p. 16.

** 맹용길 저, 《한국 기독교 윤리 사상(I)》, (장로회신학대학교출판부, 1994) p. 48.

살아 계실 수 있다.

종교개혁 이전의 중세시대에는 선행으로 구원을 받을 수 있다는 사상 때문에 교회와 수도원은 막대한 부를 축적했다. 그런데 루터는 그러한 중세의 구원관에 반대하고 나섰다. 그는 사람을 의롭게 하는 것은 행위가 아닌 믿음이며, 이것은 하나님이 은혜로 주신 선물임을 주장했다. 따라서 그는 신앙 없이 하는 선한 행위를 우상숭배로 규정했다. 선행의 근거는 믿음이어야 한다는 것이다.*

그렇다면 믿음은 무엇일까? 믿음은 모든 것을 하나님에게만 기대하는 것이다. 이 믿음이 우리의 마음을 부드럽고 자비롭게 만든다. 따라서 믿음이 있는 사람은 하나님이 우리에게 행하신 선행을 다른 사람들에게도 기꺼이 해 주고 싶어진다. 죄인인 우리 안에 선한 것이 있겠는가? 그러나 하나님의 은혜로 말미암아 우리 안에 하나님의 선하고 자비로우심의 성품이 부어진다. 내가 아닌 하나님의 힘으로, 나에게 베푸셨던 그 하나님의 자비로 우리 역시 이웃에게 손을 내밀 수 있는 것이다. 이것이 바로 우리의 믿음이다.

네비게이토 선교회의 지도자인 론 새니(Lone Sanny)가 젊은 이들에게 제자훈련을 하고 난 뒤였다. 한 젊은이가 그를 찾

◇◇◇◇◇◇◇◇◇◇◇◇◇

* 손수호, "마르틴 루터의 사회복지 배경과 국가주도형 사회복지 제도의 실현", 〈신학과실천〉 No. 51, (한국실천학회, 2016) pp. 9-10.

아와 섬김의 종으로 산다는 것이 구체적으로 무엇인지 알려 달라고 했다. 그는 이렇게 답했다.

"성도들은 제자훈련을 받으면 다 섬김의 종이 되었다고 고백하지. 그러나 섬김의 종은 사람들로부터 종 취급을 당했을 때 어떻게 반응하느냐에 따라 알 수 있다네. 만약 그가 화를 낸다면 아직 섬김의 종이 되지 못한 것이고, 기꺼이 당하겠다고 한다면 정말로 섬김의 종이 된 것이겠지."

종교 행위가 아니라 믿음으로서 구원의 확신을 갖는 것처럼, 진정한 기독교 자선은 머리가 아닌 가슴에서 시작되는 행동이다. 섬김은 이런 믿음에서부터 가능해지는 것이다.

자선은 말씀이
사회를 이끌게 한다

살아 있다는 것은 생명력이 있다는 뜻이다. 그것은 얼마든지 새롭게 변화시킬 수 있다는 의미이기도 하다. 말씀이 곧 하나님이시라는 요한복음의 말씀처럼 하나님이신 그 말씀이 이 사회를 다스리는 것에 대해 주목한 설교가들이 있다.

18세기는 계몽주의와 경험론이 지배적이던 시절이다. 영국의 신학자 조셉 버틀러(Joseph Butler)는 종교에 대한 냉소적 분위기가 팽배하던 그때 양심론으로 자선을 설명했다. 모든 인간에게는 양심이 있다. 이 양심의 소리에 귀를 기울이면 하나님의 음성을 듣고 행동할 수 있다. 그러나 양심에 귀를 기울이기 위해서는 스스로를 성찰하는 신앙 훈련과 연습이 필요하다. 성경은 우리에게 선한 양심을 가지라고 한다. 그 양심이 하나님을 찾아간다고 말이다. 하나님은 양심을 통해 우리에게 나눔과 섬김의 일을 하게 하신다. 그런데 이것은 하나님이 하시는 말씀을 듣겠다는 의지와 결단이 있어야 시작할 수 있다.*

우리는 양심의 소리를 들을 준비가 되어 있는가? 그 양심에 주파수를 맞추고 있는가? 하나님의 음성을 듣고 선한 양심을 추구하는 신앙 훈련은 이 시대 모든 교회 가운데에도 일어나야 할 일이다. 밤마다 양심이 자신을 교훈한다고 했던 다윗의 고백처럼 깨어 있는 양심은 우리를 선한 길로 인도한다. 그러나 화인 맞은 양심은 무뎌진 감각처럼 하나님의 뜻을 깨닫지 못하게 한다. 농부가 씨를 뿌리기 전에 돌을 걸어 내고 땅을 고르는 것처럼 우리의 굳은 마음을 기경해야만 한다.

스코틀랜드를 대표하는 청교도 목사 토마스 찰머스(Thomas Chalmers)는 사회변혁은 복음의 추진력에서 나온다고 했다. 19세기는 산업혁명과 도시 개발로 빈민과 실업자가 늘고 전

◇◇◇◇◇◇◇◇◇◇◇◇◇

* John Waring Lansley, "The interplay of charity and theology, c. 1700-1900", (University of Manchester for degree of doctor of Philosophy, 2010) p. 54.

염병 등의 사회 문제가 극도로 치달았던 시대다. 그런 때에 찰머스는 살인사건으로 발길이 끊긴 지역에 학교를 열고, 폐쇄된 공장을 수리해 예배 처소로 삼는 등 사회 개혁과 영적 갱신 운동을 함께 펼쳐 나갔다. 그의 이런 행보는 말씀이 성경책 안에 갇혀 있는 것이 아니라 살았고 운동력이 있어 세상 가운데로 흘러간다는 사실을 증명하였다. 특히 이 시기에는 교회를 통해 수많은 비영리단체들이 발생했다. 그리스도인들은 말씀이 사회를 다스린다는 사실에 주목하면서 사명을 가진 비영리단체를 설립하는 데 열심을 냈다.*

아울러 찰머스는 가난한 자를 의존적인 수혜자로 제한하지 말 것을 권고했다. 가난한 자들 역시 자신의 형편에 맞게 남을 위해 베풀고 섬길 수 있도록 하는 훈련이 필요하다고 말했다. 신앙은 바로 이런 격려와 훈련을 가능하게 한다. 복음의 능력으로 이러한 사회 개혁은 얼마든지 가능하다.** 복음의 능력은 사람을 변화시킨다. 그리고 변화된 그 사람이 사회를 바꾸어 나간다. 그가 속한 가정과 마을과 지역이 새로워지는 것이다. 잃어버린 영혼들이 돌아오고, 어그러졌

<hr>

* 김헌숙 저, 《영국 사회를 개조한 크리스천의 역사, 1530-1945》, (주영사, 2014) pp. 203-220.

** John Waring Lansley, "The interplay of charity and theology, c. 1700-1900", (University of Manchester for degree of doctor of Philosophy, 2010) pp. 123-131.

던 삶들이 회복되어 원래의 하나님의 형상으로 돌아가는 것이다.

사랑의 나눔에 새벽이슬 같은 젊은이들이 깨어나고, 아이들과 노인들이 힘을 보태며, 하나님의 뜻을 따라 즐거이 헌신하는 그리스도의 공동체들이 일어나는 것, 이것이 곧 복음이 가진 힘이다. 자선은 누군가를 다시 꿈꿀 수 있게 만든다. 오랜 절망에서 벗어나 다시 시작할 기회가 주어질 수 있다. 그렇게 될 때 바로 말씀이 세상을 통치한다는 것을 모두가 경험하게 될 것이다.

복음과 자선은
연결된 하나의 흐름이다

섬김의 사랑은 복음의 능력을 세상 가운데 나타낸다. 자선은 곧 복음을 드러내는 좋은 통로다.

존 스토트는 자선과 사회 개혁은 그리스도인의 사회적 책임이며, 이것은 특별한 일이 아니라 예수님이 공생애 기간에 하셨던 것을 이제 우리가 이어 가는 것이라고 이야기한다.* 그리고 이 땅에 하나님 나라의 모습을 보이도록 부름받은 교

◇◇◇◇◇◇◇◇◇◇◇◇◇◇

* 존 스토트 저, 정옥배 역, 《현대사회 문제와 그리스도인의 책임》, (IVP, 2011) pp. 333-366.

회는 물질적 가난이 아니라 검소한 삶과 자족하는 삶에서 나오는 성경의 영적 가난에 대해 증거해야 한다고 했다.

> 근심하는 자 같으나 항상 기뻐하고 가난한 자 같으나 많은 사람을 부요하게 하고 아무 것도 없는 자 같으나 모든 것을 가진 자로다 고후 6:10

진정한 부유함은 하나님으로부터 온다. 그리고 이 부유함을 누리는 사람에게서 타인을 향한 사랑이 나온다. 진정한 부유함을 누린다는 것은 하나님의 은혜를 경험했다는 뜻이다. 팀 켈러는 하나님의 은혜로 구원받았다는 복음에 깊이 감격한 성도일수록 사회에서 부당한 대접을 받는 이들에게 더 민감하고 세심하게 반응한다고 말한다. 우리 주변의 수많은 간증자를 보면 알 수 있듯이 은혜가 깊고 눈물이 쌓일수록 하나님의 부르심에 나서게 되는 것이다. 그는 하나님의 은혜를 체험하는 일과 가난한 이들을 긍휼히 여기는 마음은 절대 다르지 않으며, 매우 견고하게 연결되어 있다고 여겼다. 자신이 받은 대로 베푸는 것이니 말이다.

아울러 켈러는 가난한 사람을 돕는 것을 자선이라는 말보다 '정의'로 표현한다. 우리가 앞서 하나님의 체다카에 대해 이야기한 것과 같은 의미에서다. 가난한 이들에게 값없이 베푸는 행위를 의로운 일이라고 말하는 성경 말씀대로 복음과 자선, 정의는 서로 연결되어 있는 하나의 흐름이라고 강조했다.*

각 시대 설교자들의 자선에 관한 가르침에는 몇 가지 공통점이 발견된다. 자선은 철저하게 하나님을 위한, 하나님에 의한 행함이 되어야 한다. 오직 하나님을 영화롭게 하고자 하는 마음과 자신이 받은 은혜에 대한 감사로 실천하는 자선이야말로 하나님의 뜻에 부합된다고 할 수 있다. 또한 자선은 그리스도인이라면 누구나 해야 하는 일이다. 가난한 자든 부한 자든 각자의 형편에 맞게 자선을 실천하는 것이 신앙인의 역할과 책임이다.

무엇보다 사회변혁은 복음의 추진력에서 나온다는 것을 보여 주었다. 그렇기 때문에 이 시대를 살아가는 우리 역시 복음의 능력을 붙들고 용기 내어 나아갈 필요가 있다. 가난한 자를 돕는 것뿐 아니라 부당한 사회 구조와 문화, 인식에 대한 개혁도 우리가 해 나가야 할 자선에 포함되어 있다는 것도 기억해야 한다. 시대마다 처한 상황은 달랐어도 자선에 흐르는 정신은 언제나 같다.

○○○○○○○○○○○○○

* 팀 켈러 저, 최종훈 역,《팀 켈러의 정의란 무엇인가》, (두란노, 2012) pp. 129-166.

선교사들의 자선은
사명이라는 이름의 희생이었다

그렇다면 한국 기독교 자선의 역사는 어떠했을까? 시작은 낯설었지만 뜨거웠다. 초기 자선은 이 땅에 들어온 선교사들을 중심으로 진행되었다. 구한말, 아직 근대화를 이루지 못하고 혼란스러웠던 상황 속에서 낯선 이방인이었던 그들의 사랑과 섬김은 우리 민족을 치유하고 회복시키는 통로였다. 그뿐만 아니라 교육과 의료, 복지 등 사회에 새로운 변화를 가져오는 동력이 되어 주었다.

당시 선교사들과 복음을 받아들인 한국 기독교인들은 기독교 정신을 바탕으로 곳곳에 학교를 세웠다. 미국 북감리교회의 아펜젤러(Henry Gerhard Appenzeller) 선교사에 의해 한국 최초의 학교인 배재학당이 세워졌고, 연세대학교의 모체인 경신학당은 북장로회 언더우드(Horace Grant Underwood) 선교사에 의해 세워졌다. 세브란스병원의 전신인 왕립광혜원(제중원)을 비롯해 민간 병원과 여러 의료기관들도 설립되었다. 그들이 이 땅에서 보여 준 자선은 사명이라는 이름의 희생정신이었다.

엘리자베스 쉐핑(Elisabeth Johanna Shepping)은 일제강점기 조선 땅에 간호 선교사로서 발을 디뎠다. 그는 본명 대신 서서평이라는 한국식 이름으로 '조선 사람처럼'이 아니라 '조선 사람'으로 살았다. 평소 약한 사람들이 있는 곳, 복음이 필요한 곳에 보내 달라고 기도했던 서서평은 동료 선교사로부터 조선이란 나라에서는 너무나 열악한 의료 환경 때문에 환자들이 길에 버려지고 있다는 이야기를 듣게 된다. 긍휼의 마음으로 조선에 들어온 서서평은 광주와 군산 지역에서 환자를 돌보기 시작했다. 그뿐 아니라 간호사 교육을 위해 세브란스 병원 간호부 양성소를 이끌었고, 1923년에는 대한간호협회의 전신인 조선간호부회를 조직했다. 그가 차지하는 위상은 대단했지만 그의 발걸음은 오히려 낮은 곳으로, 더 열악한 곳으로 향했다.

서서평은 광주 제중원으로 돌아와 전라도 전역과 제주도, 추자도까지 전도 활동을 펼쳤다. 그의 관심은 사회에서 가장 소외되고 버림받은 한센병 환자들에게 미쳤다. 일제는 이들을 강제 불임으로 만들고 씨를 말리기 위한 정책을 펼쳤는데, 서서평은 이에 항의하고자 한센병 환자 530명과 함께 조선총독부를 향한 대행진을 시작했다. 그 결과 소록도에서 한센병 환자들을 치료하고 재활시킬 수 있는 여건을 얻어 낼 수 있었다.

서서평은 자신이 받은 급여 3원 중 10전만 생활비로 쓰고, 나머지는 모두 가난한 사람을 위해 사용했다. 한센병 환자의 아이를 양아들로 삼은 것을 계기로 버려진 아이 14명을 데려다 키웠고, 소박을 맞거나 오갈 데 없는 과부 38명도 데려와 한집에서 함께 살았다. 당시 외국 선교사 중에는 별도의 선교사 거주지 안에서 서양식 생활을 고수하는 이들도 있었다.

하지만 서서평은 한복에 고무신을 신고 보리밥과 된장국을 먹으며 푸른 눈의 조선인으로 살아갔다. 그가 평생 사명으로 여긴 말씀이 있었다.

범사에 여러분에게 모본을 보여준 바와 같이 수고하여 약한 사람들을 돕고 또 주 예수께서 친히 말씀하신 바 주는 것이 받는 것보다 복이 있다 하심을 기억하여야 할지니라 행 20:35

그는 과로와 영양실조로 세상을 떠났다. 죽음 이후 남은 전 재산은 돈 7전과 강냉이 가루 두 홉, 거지에게 반을 찢어주고 남은 담요 반 장이었다. 그리고 그는 조선의 의료발전을 위해 자신의 시신을 기증하도록 했다. 그의 섬김은 마지막 순간까지 조선인을 향해 있었다.

서울 합정동에 가면 양화진이라는 외국인 묘지가 있다. 선교 초기에 우리나라에 들어와 목숨을 다해 헌신했던 수많은 선교사가 묻혀 있다. 그중 헐버트(Homer Bezaleel Hulbert) 선교사의 묘비에는 "나는 웨스트민스터 대성당보다 한국 땅에 묻히기를 원하노라"고 적혀 있다. 영국에 있는 웨스트민스터 대성당은 국가를 위해 큰 공을 세운 사람들을 비롯해 과학자 뉴턴, 처칠 수상 등의 무덤이 있는 곳이다. 죽어서 그곳에 안장되는 것이 영국인들에게는 최고의 명예이다. 그런데 그는 그곳이 아닌 자신이 섬겼던 한국 땅을 원했다.

이 땅을 향한 하나님의 일하심은 이렇게 이름도 빛도 없이 사라져 간 수많은 사랑의 전달자들을 통해서 지금까지 이어져 왔다. 이들의 섬김은 한국 기독교 130년 역사 속에 기독교가 사회에 영향력을 미칠 수 있는 커다란 발판을 마련해 주었다.

한국 교회는 자선 사역을 이어 가야 한다

한국 기독교 자선은 신앙 운동과 함께 사회 개혁으로 나아 갔다. 복음을 받아들인 사람들은 나라 사랑 운동에 나섰고, 섬김을 받은 사람들은 다시 주변을 위해 일어섰다. 교회 안에는 가난한 이들을 위해 야학 운동이 시작되었고, 농촌 계몽 운동과 같이 사회를 깨우고 정화시켜 나가는 일에도 앞장섰다.

성도들의 절제와 사회 개혁을 위한 신앙 운동으로 금주와 금연 운동을 전개하기도 했다. 찬송가에 금주가가 실릴 정도였다.

금수강산 내 동포여 술을 입에 대지 마라.
건강 지력 손상하니 천치될까 두렵다.
패가망신 될 독주는 빚도 내서 마시면서
자녀 교육 위하여는 일전 한 푼 안 쓰려네.

전국 술값 다 합하여 곳곳마다 학교 세워

자녀 수양 늘 시키면 동서 문명 잘 빛내리.

천부 주신 네 재능과 부모님께 받은 귀체,

술의 독기 받지 말고 국가 위해 일할지라.

아, 마시지 말라 그 술, 아 보지도 말라 그 술,

조선 사회 복 받기는 금주함에 있느니라.

_ 1931년 신정찬송가 230장*

    기독교 운동은 개인적인 신앙생활에 머무르지 않고 적극적으로 사회 개혁에 나섰다. 한국전쟁 이후 한국 교회와 목회자들이 연합해 정부를 대신해 자선과 돌봄의 역할을 자처했고, 사회복지에 주도적 역할을 하며 인프라를 제공하는 등 국가의 큰 파트너가 되어 주었다.** 이러한 과정에서 수많은 기독교인과 교회, 기독교 조직의 헌신과 섬김은 한국의 근현대 사회에 큰 영향을 미치며 사회, 경제, 교육, 문화 발전에 크게 기여했다.

    하지만 90년대 이후 한국 기독교는 사회에 관한 관심보다는 개교회 중심의 양적 성장에 집중했고, 안타깝게도 세상

◇◇◇◇◇◇◇◇◇◇◇◇◇◇◇◇

* NCCK, 《기독교, 한국에 살다》, (한국기독교교회협의회, 2013).

** 황미숙, "내한 미국 감리교회 선교사들의 사회복지사업 연구, 1885-1960"(목원대학교 박사학위 논문) pp. 165-197.

속에서 점차 그 힘을 잃어 갔다. 이런 상황에서 한국 교회는 기독교 자선의 계보를 어떻게 다시 이어 가야 할까?

이 시대에 길을 찾기 위해서는 역사를 알아야 한다. 우리는 앞에서 살펴본 설교자들의 자선에 대한 메시지 속에서 하나님의 방법을 발견해야 한다. 출애굽한 이스라엘 백성은 아무것도 없는 광야를 지나야 했다. 하나님은 그들의 일용할 양식을 위해서 만나를 내려 주셨다. 그때 만나를 거두어들인 모습을 성경은 다음과 같이 말하고 있다.

> 이스라엘 자손이 그같이 하였더니 그 거둔 것이 많기도 하고 적기도 하나 오멜로 되어 본즉 많이 거둔 자도 남음이 없고 적게 거둔 자도 부족함이 없이 각 사람은 먹을 만큼만 거두 었더라 출 16:17-18

많이 거둔 사람도 남음이 없고, 적게 거둔 사람도 부족함이 없었다고 한다. 그래서 각기 필요한 만큼 얻게 되었다고 한다. 어떻게 그런 일이 가능했을까? 어쩌면 그들 중에는 몸이 불편해 하루 먹을 식량을 충분히 거두지 못했거나 전혀 거두지 못한 사람도 있었을 것이다. 그런데 어찌된 일인지 그들조차 일용할 양식에는 부족함이 없었다고 한다. 그 말은 힘과 시간적 여유가 있어 양식을 많이 거둔 사람이 자기에게 필요한 만큼을 제외한 나머지를 거두지 못한 다른 사람과 나누었기 때문이 아니었을까. 그들이 더 갖고자 하지 않고 나누었기 때문에 누구도 부족함이 없었을 터다.

사도행전 2장에 나오는 초대 교회 공동체의 삶도 이와 같은 나눔의 원리를 갖고 있다. 그것은 각 사람의 필요에 따라 자신이 가진 것을 나눠 주는 것이다. 이 방법은 하나님의 사람들이 살아가는 원리이자 세상을 섬기는 방법이다. 초대 교회는 구원받는 사람들이 날마다 증가하며 크게 부흥했다. 그 비결은 하나님을 찬미하며 온 백성에게 칭송을 받았기 때문이라고 성경은 말하고 있다. 그들이 교회로 모여 하나님을 예배했을 뿐만 아니라 다시 세상에 흩어져 사람들의 필요에 따라 나누고, 섬기며, 봉사하였기에 세상의 칭송을 받게 되었고, 그 결과 구원받는 사람이 날마다 더하게 되었다는 말이다.

그동안 한국 교회는 모여서 하나님을 찬양하고 예배하는 일에 참으로 열심을 내 왔다. 그래서 크게 부흥했던 것이 사실이다. 그러나 놀라운 성장 기록이 주춤하더니 급기야 하락세를 타고 있다. 왜 그럴까? 사람들에게 칭송을 받지 못하기 때문이다. 예수를 믿는 사람들이야말로 참된 이들이며, 교회에는 그래도 희망이 있다는 말을 들어야 하는데 그러지 못하기 때문이다. 칭찬받을 만한 나눔이 없기 때문이다.

기독교 역사를 통해 분명히 밝혀진 사실이 있다. 교회의 부흥과 평가는 교인들에 의해서가 아니라 예수를 믿지 않는 사람들에 의해 좌우 된다는 것이다. 이것은 교회가 하나님의 마음보다 사람의 마음을 먼저 생각해야 한다는 뜻이 아니다. 하나님의 마음을 품은 교회는 필연적으로 사람들의 마음을 움직인다는 뜻이다.

그리스도인과 교회의 가장 큰 사명은 세상이 우리를 통해 하나님을 볼 수 있게 하는 것이다. 그런데 오늘날 성도와 교회는 이 사명을 이루지 못하고 있다. 선한 일을 하지 않아서가 아니다. 하나님의 모습이 아닌 자신과 교회의 이름을 드러내려고 하기 때문이다. 구원의 역사는 교회를 믿기 때문이 아니라 그 안에 계시는 하나님을 믿기 때문에 일어난다. 우리가 기독교 자선을 위해 기도해야 하는 것은 그 사역에 하나님이 보이도록 하는 것이다.

전 세계 인구 중 25퍼센트가 편히 잠잘 수 있는 거처가 없으며, 당장 먹을 일용할 양식도 없어 굶어 죽어 가고 있다. 그들 모두가 하나님의 자녀들일진대, 그런 그들의 삶을 지켜보시는 하나님 아버지의 마음은 얼마나 아프실까? 그러나 하나님을 더욱 아프게 하는 것은 다른 한쪽에서는 남아도는 식량과 자원을 처리하는 데에 에너지를 쏟고 있는 현실이다. 곧 형제의 아픔을 보고도 자신의 것을 나눌 줄 모르는 우리의 모습일 것이다.

내 형제들아 만일 사람이 믿음이 있노라 하고 행함이 없으면

무슨 유익이 있으리요 그 믿음이 능히 자기를 구원하겠느냐
만일 형제나 자매가 헐벗고 일용할 양식이 없는데 너희 중에
누구든지 그에게 이르되 평안히 가라, 덥게 하라, 배부르게
하라 하며 그 몸에 쓸 것을 주지 아니하면 무슨 유익이 있으
리요 이와 같이 행함이 없는 믿음은 그 자체가 죽은 것이라

약 2:14-17

여기서 말하는 행함은 곧 자기희생을 말한다. 자신이 가
진 것을 나누지 않으면서 믿음이 있다고 할 수는 없다는 것
이다.

한국은 아시아에서 급격한 경제 발전을 이룬 보기 드문
국가이며 문화 강국으로서의 저력도 가지고 있다. 무엇보다
6.25 전쟁 등을 거치며 과거 도움을 받는 나라에서 이제는 도
움을 주는 나라가 되었다. 그리고 세계에서 두 번째로 선교
사를 많이 파송하고 있다. 그런 우리에겐 이 땅을 사랑한 선
교사들과 나라와 신앙을 지키고자 했던 순교의 역사가 있다.
나라가 어려울 때 밤새 부르짖고 기도하며 누구보다 먼저 발
벗고 나서던 믿음의 선배들이 있다. 근대 사회복지가 기독
교의 역사와 함께 발전했고, 그 실천의 주체가 성도와 교회
였다는 사실은 분명하다. 우리에겐 이러한 믿음의 유산들이
있다.

역사 속에서 국가를 대신해 자선과 구제의 역할을 탁월하

게 해 왔던 것처럼 그 사역을 계속해서 이어 가야 한다. 그러기 위해서는 믿음의 선배들이 가르쳤던 것처럼 시대를 읽고 민감하게 반응하며, 그 생각과 가치를 기독교 자선으로 풀어내야 한다. 하나님이 독생자 예수를 보내시기까지 세상을 사랑하셨다는 사실을 결코 잊어서는 안 된다. 우리는 그러한 사랑을 닮아 하나님의 시선이 닿는 곳을 함께 바라보아야 한다. 코로나 팬데믹 이후 교회는 신앙과 가치로 승부하되 몸으로 섬기며, 개교회가 연합하여 새로운 영향력을 발휘해야 한다. 그러면서 이 시대가 필요로 하는 기독교 자선의 역할은 무엇인지를 끊임없이 진지하게 고민해야 한다.

우리가 받았던 믿음의 유산, 그래도 교회가 희망이라는 것을 이어 가야 하지 않겠는가.

나눔과 적용

1. 설교자들의 자선에 대한 가르침 중에서 가장 인상적인, 혹은 가장 마음에 남는 가르침은 어떤 것인가요?

---

2. 말씀을 선포하면서 그 말씀대로 살아 내고자 했던 실천가들이 많습니다. 나는 신앙인으로서 무엇으로 믿음을 보여 주고 있나요?

---

3. 자선의 실천을 가난한 자를 돕는 것뿐 아니라 사회 개혁으로까지 보고 있는데, 그리스도인의 사회적 책임이란 무엇일까요?

---

4. 돈은 가장 연약하고 유혹에 빠지기 쉬운 부분 중 하나지요. 재물의 소유와 자선에 대한 생각을 나눠 보세요.

---

5. 도움이 필요한 누군가를 위해 나의 재정과 시간을 써야 한다고 했을 때 어떤 마음이 드나요?

_____

6. 철저히 자기 부정을 하지 않으면 남을 사랑하기 어렵다고 합니다. 하나님의 사랑을 품기 위해 내가 버려야 할 것은 무엇인가요?

_____

7. 한쪽에서는 빈곤의 삶을, 한쪽에서는 잉여의 삶을 사는 시대입니다. 이런 문제를 교회 공동체는 어떻게 바라보아야 할까요?

_____

8. 기독교 자선은 늘 시대를 읽고 민감하게 느껴야 한다고 하는데, 이 사회에 대한 나의 관심은 어느 정도이며 특별히 내가 관심을 가지는 영역은 어떤 것입니까?

_____

9. 코로나 팬데믹 이후 이 시대가 이어 가야 할 기독교 정신은 무엇이라고 생각하나요?

• 우리 지역의 기독교 자선 역사에 대해 조사해 보세요.
  (선교사 및 교회가 해 온 자선)

• 자선에 관한 성경 말씀을 찾고 묵상 노트를 만들어 보세요.

섬김은
가장 아름다운 예배다

그리스도인들은 모두 하나님이 기뻐하시는 예배자로 부르심을 받았다. 그런데 성경은 우리의 예배가 어느 한 장소, 한 시간에 고정될 수 없음을 이야기한다. 우리의 몸과 삶 전체가 하나님께 드려지는 거룩한 산 제물이기 때문이다.

> 그러므로 형제들아 내가 하나님의 모든 자비하심으로 너희를 권하노니 너희 몸을 하나님이 기뻐하시는 거룩한 산 제물로 드리라 이는 너희가 드릴 영적 예배니라 너희는 이 세대를 본받지 말고 오직 마음을 새롭게 함으로 변화를 받아 하나님의 선하시고 기뻐하시고 온전하신 뜻이 무엇인지 분별하도록 하라 롬 12:1-2

"산 제물" "영적 예배"는 곧 삶에서 드리는 예배이다. 우리는 예배를 통해 마음에 새겨진 하나님의 뜻대로 일상을 살아가야 한다. 그렇다면 진정한 예배로서의 자선은 무엇일까?

나눔이 예배다
사도행전에서 초대 교회의 나눔은 예배 가운데 성령을 체험하고 하나님의 마음을 알았던 사람들에게서 시작되었다. 예배란 하나님의 사랑과 은혜에 대한 인간의 응답이기 때문이다.

흔히 예배를 영어로 표현할 때 'service'라는 단어를 쓴다. 이 단어는 사람들에게 행하는 '봉사와 섬김'의 뜻이 있다. 즉 예배는 하나님께 드리는 최상의 섬김이며, 섬김은 일상에서 드릴 수 있는 최고의 예배다. 우리는 하나님 앞에서 최선을 다해 예배드리고, 세상에서 이웃을 섬겨야 한다. 이 두 가지를 동시에 이루는 것이 하나님이 기뻐하시는 예배를 드리는 것이다. 그리고 이 두 가지를 동시에 이룰 때 세상 사람들은 우리 모습에서 하나님을 발견하고 영광을 돌리게 될 것이다. 예배의 삶과 자선의 삶은 결코 분리된 것이 아니다.

이웃을 섬기는 것이 곧 예배라는 사실을 이해할 때 우리는 자선의 의미를 다시 생각해 볼 수 있다. 이것을 보다 잘 설명해 주는 것이 구약의 레위기다. 구약성경은 자선이 예배의 중요한 부분이라는 것을 다양한 방식으로 보여 준다. 특히 예배의 책이라고 할 수 있는 레위기에서는 하나님을 어떻게 예배해야 하는지와 이웃을 향해서는 어떻게 행동해야 하는지를 함께 가르쳐 주고 있다.

> 너희가 너희의 땅에서 곡식을 거둘 때에 너는 밭 모퉁이까지 다 거두지 말고 네 떨어진 이삭도 줍지 말며 네 포도원의 열매를 다 따지 말며 네 포도원에 떨어진 열매도 줍지 말고 가난한 사람과 거류민을 위하여 버려두라 나는 너희의 하나님 여호와이니라 레 19:9-10

구약의 제사와 절기에는 자선적 요소가 깊이 담겨 있다. 특히 각 절기마다 하나님 앞에서 즐거워하고 기뻐할 때는 고아와 과부, 나그네와 함께하라는 요구가 있다. 추수할 때 이들을 위해 곡물을 다 거두지 말고, 떨어진 이삭도 줍지 말며, 포도원에서 열매도 다 따지 말라고 하신다. 이들을 위해 자기 재정의 일부를 의도적으로 흘려보내라는 것이다. 자선은 이렇게 하나님과 이웃과의 관계 속에서 드리는, 삶 속의 예배라는 것을 기억해야만 한다.

레위기 19장은 하나님을 예배하는 백성이 어떻게 살아야 하는지 구체적으로 말씀하신다. 가난한 자들을 위해 수입의 일부를 나누며 봉사할 것(5-10절), 도둑질하지 않을 것(11절), 속이거나 거짓말하지 않을 것(11-12절), 이웃을 압제하거나 강제로 재산을 강탈하지 않을 것, 품꾼의 삯 주기를 미루지 말 것(13절), 장애인의 마음을 아프게 하거나 괴롭히지 말 것(14절), 불공정한 재판을 하지 말 것(15절), 형제와 이웃을 미워하지 말 것(17절), 복수할 마음을 품지 말 것, 그리고 이 말씀의 결론으로 "네 이웃을 사랑하기를 네 자신과 같이 사랑하라"(18절)고 마무리한다.

C.S. 루이스(C.S. Lewis)는 《순전한 기독교》에서 남에게 대접받고 싶은 대로 너희도 남을 대접하라는 말을 입이 닳도록 말할 수 있지만, 내 이웃을 내 몸과 같이 사랑할 수 있게 되기 전까지는 그 말을 실천할 수 없다고 했다. 그런데 하나

님 사랑하기를 배우지 않는 한 이웃을 내 몸같이 사랑할 수는 없으며, 또한 하나님께 순종하는 법을 배우지 않는 한 하나님을 사랑할 수 없다고 했다. 결국 우리가 나눔의 삶을 위해서는 먼저 하나님을 사랑해야 하고, 그러기 위해서는 먼저 하나님께 순종하는 법을 배워야 하는 것이다. 그것은 곧 예배를 통해 배워 갈 수 있다.

제사와 예배를 규정하는 레위기에서 하나님은 분명하게 나눔에 대해 말씀하셨다. 그것은 강력한 하나님의 명령인 것이다. 특히 레위기 19장 5-8절에 기록된 '화목제사'는 제사를 드리고 난 후 제물을 나누어 먹도록 하고 있다. 그리고 셋째 날까지 제물을 남기지 말라고 하셨는데, 보통 소 한 마리가 600킬로그램 이상은 되니, 당시 이스라엘 사회에서 그 정도의 제물을 함께 먹으려면 온 마을 사람이 다 함께 먹어야 했다. 그러므로 남기지 말라는 말씀은 모든 이웃이 다 함께 배부를 수 있도록 하라는 것이다. 또한 이것은 나눔의 대상을 내 마음대로 정하지 말라는 뜻이기도 하다. 선을 그어 놓고 누구는 되고, 누구는 안 되는 것이 아니라 '누구든지'이다. 도저히 이런 호의를 갚을 능력이 없는 사람들과도 나누라는 것이다.

이렇듯 하나님이 우리에게 요구하시는 진정한 예배는 특정한 형식이나 종교 활동이 아니다. 약자들을 위해 기꺼이 내 삶의 일부를 흘려보내는 것이다.

내가 거둔 수확물에는
이웃의 몫이 있다

고린도전서 13장에 보면 사랑은 자랑하지 않는다고 말한다(고전 13:4). 자랑과 사랑의 차이가 무엇인지 아는가? '자랑'은 남에게 없는 것이 내게 있다고 으스대는 것이다. 그러나 '사랑'은 이웃에게 필요한 것이 내게 있음을 알고 기뻐하는 것이다.

레위기 19장 말씀은 악착같이 거두어들인 인생만이 성공한 인생이 아니라는 사실을 깨닫게 한다. 이웃이 남겨진 열매를 취하는 것이 허물이 되지 않도록 하는 것이야말로 흘림의 미학이 아니겠는가. 예로부터 우리 조상들도 이렇듯 의도적 남김의 삶을 살아왔다. '까치밥'이 그중 하나다. 가을 무렵이 되면 마을 곳곳 감나무에는 감이 붉게 익어 주렁주렁 달린다. 마을 사람들은 삼삼오오 모여 이 감을 따기 시작한다. 그런데 시골 어르신들은 나무의 감을 다 따지 않고 듬성듬성 몇 개씩을 남겨 두었다. 손이 닿지 않아서 다 따지 못한 것이 아니다. 나무 꼭대기에 달린 몇 개는 추위와 배고픔을 겪을 새들이 먹을 수 있도록 일부러 남겨 둔 것이다. 그래서 그 남은 열매를 '까치밥'이라고 불렀다. 감나무에 달린 까치밥은 보기만 해도 마음이 푸근해지는 시골 마을의 인정이었다. 지금보다 더 어렵고 가난하던 시절이지만, 이런 마음의 정이 있었기에 다가오는 추운 겨울도 견딜 수 있었던 것이다.

각자 남겨 둔 밭의 양은 다를 수 있다. 누군가는 10분의 1을, 누군가는 10분의 2나 3을 남겨 놓을 수도 있다. 우리가 소득의 몇 퍼센트를 나누든, 중요한 것은 그 수입의 일부를 가난한 사람을 위해 사용해야 한다는 것이다.

우리는 왜 나눔의 삶을 살아야 할까? 세상에는 여러 이유로 빈부의 격차가 생긴다. 물질은 가진 자에게서 못 가진 자에게로 흘러야 한다. 이것이 하나님의 법칙이다. 하나님은 "내가 거룩하니 너희도 거룩할지어다"(벧전 1:16)라고 말씀하셨다. 하나님이 레위기에서 제시하신 거룩은 곧 나눔의 삶이다. 이는 하나님의 은혜로 살아간다는 것을 믿는 성도들이 자신의 수확물을 나눔으로써 하나님의 거룩에 참여하게 됨을 의미하는 것이다.

특별히 로마서 19장에서 하나님은 "너희의 땅" "네 포도원의 열매"라고 하셨다. 우리가 땀 흘리고 수고해서 거둔 것을 인정하셨다. 그런데 그것을 얼마간 남겨 두라고 하신 데에는 내가 일해서 얻은 것 속에는 하나님의 것도 있으며 이웃의 몫도 포함되어 있다는 사실을 기억하라는 것이다. 내 소유 안에서 하나님의 것을 구별할 줄 알아야 한다. 이웃을 위한 분깃이 있다는 것 또한 알아야 한다.

미국의 신학자 로날드 사이더(Ronald James Sider)는《가난한 시대를 사는 부유한 기독교인》에서 이 시대의 교회가 싸워야 할 가장 중요한 악의 실체를 '더 많은 물질을 소유하려고 애쓰는 것'이라고 말한다. 장차 젖과 꿀이 흐르는 땅 가나안에 들어갈 하나님의 백성들도 예외 없이 물질의 소유와 그에 대한 빈부의 격차로 여러 가지 사회적 갈등을 겪기 때문이다. 따라서 하나님을 예배하는 자들은 자선을 통해 하나님의 거룩을 배워 갈 수 있음을 레위기에서 미리 가르쳐 주신 것이다.

'나'보다 '우리'를 위한 삶이
더 보람차고 행복하다

레위기 19장에서 또한 주목해 볼 것은 "나는 너희의 하나님 여호와"라고 하신 대목이다. 하나님은 나 하나만의 하나님이 아니시라는 것이다. 나 외의 누군가의 하나님도 되신다는 사실을 깨달아야 한다. 예수님이 가르쳐 주신 기도에서도 "우리에게 날마다 일용할 양식을 주시옵고"(눅 11:3)라고 하셨다. 이때도 역시 "나에게"가 아니라 "우리에게"다.

물론 한국 사람들은 통상적으로 '나'보다는 '우리'라는 말을 더 자주 사용한다. '내 집'보다는 '우리 집'이라고 말하고, '내 엄마'보다는 '우리 엄마'라고 말하지 않는가. 그러나 말씀에서 말하는 '우리'는 이런 맥락이 아니다. 영어 성경이나 원어 성경을 보더라도 이 부분에서는 분명히 복수대명사를 사용하고 있다. 이것은 기독교가 '나'만을 위한 종교가 아니라는 사실을 알게 한다. 기독교는 이웃에게도 일용할 양식이 주어지길 기도하는 이타적인 신앙을 추구한다. 남이 어떻게 되더라도 나만 살면 된다는 식의 마음은 기독교 정신이 아니다. 우리는 '우리'를 회복하는 진정한 기독교 정신으로 돌아가야 한다. 그것이 성도의 삶이다.

그렇다면 성도의 입장에서 수확물의 일부를 남기는 행위는 어떤 의미일까? 그것은 하나님을 향한 자신의 신앙의 순결함을 증명하는 하나의 통로이다. 하나님을 신뢰한다는 뜻이자, 말씀대로 순종하겠다는 의지이기도 하다. 풍요와 다산의 우상인 바알과 아세라를 섬기는 이방인 땅에서 새롭게 삶의 터전을 일군 이스라엘 백성들은 자신들이 무엇을 추구하는지 하나님 앞에서 증명해야 했다. 그것이 바로 예배이다. 무엇을 따르고 누구를 의지하는지 보여 주는 것이다. 이런 예배자들은 하나님이 말씀하신 자선의 규례를 행함으로서 풍요로운 먹거리와 재물의 힘에 기대어 살아가는 존재가 아니라, 오직 하나님의 은혜로 살아가는 존재임을 증명했던 것이다. 그래서 당시에 나눔을 행하는 사람은 자신이 드리는 이삭과 열매로 가난한 이웃에게 생색을 내거나 우쭐할 수 없었다. 왜냐하면 그것은 하나님에게 자신의 거룩함을 보이는 증거물로서 드린 것이기 때문이다.

어떤 사람은 하나님이 우리에게 주셨던 것을 다시 빼앗으려고 자선을 명령하시는 것이냐고 묻는다. 그러나 그렇지 않다. 하나님은 나눔을 통해 자신의 백성을 거룩하고 순결하게 만드시고 동시에 이 땅의 가난하고 힘겨운 이들을 극진히 돌보신다. 가난한 자와 나누는 자 모두를 살피시는 것이다. 오히려 성도는 자선을 통해 하나님께 나아갈 수 있다. 자선은 우리가 하나님을 만나는 은혜의 통로이다. 만일 우리가 하나님을 섬긴다고 하면서 은혜의 통로를 꽉 막아 둔다면 그처럼 불행한 일은 없을 것이다. 자선은 삶의 예배를 통해 우리가 인생을 더욱 보람차고 행복하게 살 수 있도록 하나님이 허락하신 선한 통로다.

전라도 광주에 있는 한 시장에 '해 뜨는 식당'이라는 밥집이 있다. 백반 값이 단돈 천 원인데 밥과 국, 세 종류의 반찬이 나온다. 이 식당은 2010년에 문을 열었다. 사장님은 한때 수십억 자산가였는데, 사업에 실패하고 자녀들에게 밥 한 끼 제대로 먹일 수 없을 정도로 힘든 형편이 되었다고 한다. 그래도 열심히 일해서 어느 정도 회복이 되었고, 68세의 늦은 나이에 이 식당을 열었다. 돈을 벌기 위해서가 아니었다. 다만 주변에 있는 독거노인과 일용직 노동자 등 힘들게 살아가는 이들의 허기를 채워 주고자 하는 마음에서였다. 떳떳하게 먹고 가라는 취지에서 천 원만 내고 무한리필로 먹을 수 있게 했다. 이렇게 하다 보니 장사를 할수록 적자가 났다.

그런데 이 식당에 관한 이야기가 점차 주변에 알려지자

전국 각지에서 쌀과 김치, 반찬 재료들과 후원금이 모이기 시작했다. 도시가스회사 사장으로부터 가스 값을 내 주겠다는 연락도 받았다. 그렇게 이 식당은 운영을 이어 갈 수 있게 되었다. 지금은 딸이 부모의 뜻을 이어받아 운영하고 있다. 손님이 올수록 손해를 볼 수밖에 없는 구조이지만, 하루 백 명씩 찾아오는 이 식당은 여전히 기적처럼 문을 열고 있다.

누군가 시작한 사랑의 수고에 여러 사람이 할 수 있는 작은 힘들을 보탰다. 엄청난 자금을 가진 자가 시작한 일이 아니었다. 이런 일은 마음이 있는 자라야 할 수 있다. 오늘 내 삶은 어땠나? 은혜의 통로를 활짝 열어 두었는가?

심리학자 김태형 교수는 사람은 보람과 행복을 추구하는 과정에서 '자신의 사회적 쓸모'를 묻는다고 한다. 삶에는 저마다의 이유가 있다. 그리고 우리는 그 이유를 알아야 한다. 그저 작년과 똑같이, 늘 그랬듯이 살아가는 것이 아니라 올 한해 내가 살아야 할 이유를 하나님께 물으며 고민해 보아야 한다. 내가 하는 일과 만나는 수많은 사람을 통해서 하나님이 이루실 일이 있을 것이다. 우리 삶의 궁극적인 목적은 예수 그리스도의 사랑을 전하고, 그분을 통해 함께 생명을 누리는 것이다. 이렇게 살 수 있는 이유는 욥의 고백에서 찾을 수 있다.

이르되 내가 모태에서 알몸으로 나왔사온즉 또한 알몸이 그리로 돌아가올지라 주신 이도 여호와시요 거두신 이도 여호와시오니 여호와의 이름이 찬송을 받으실지니이다 하고 욥 1:21

나와 이웃을 살리는
나눔의 비밀

룻기는 나눔으로 누군가를 살릴 수 있다는 사실을 증명한다. 거류민인 모압 사람 룻은 과부였고, 절박한 상황에 처해 있었다. 시어머니인 나오미와 함께 예루살렘에 오긴 했지만 살아갈 길이 막막했다. 그런데 레위기에서 말씀하신 흘림을 실천하는 보아스를 만났다. 당시 베들레헴에는 보리 추수가 한창이었는데, 보아스는 룻이 곡식 단 사이에서 떨어진 이삭을 주을 수 있게 했을 뿐 아니라 의도적으로 곡식 다발에서 조금씩 뽑아 버려 더 많이 가져갈 수 있게 했다(룻 2:15-16). 그의 이러한 나눔이 룻과 그녀가 봉양하던 시어머니까지도 살리게 된다.

이 작은 나눔은 훗날 더 놀라운 결실을 맺는다. 룻은 이방 여인이지만 다윗 왕의 증조모가 되어 당당히 예수님의 족보에 그 이름을 올리게 된 것이다. 이것이 자선이 갖는 놀라운 힘이다. 그런데 이보다 더 큰 비밀은 이렇게 이웃을 살리는 것 뿐 아니라 나누는 자신조차도 축복을 받는다는 사실이다.

… 나그네와 고아와 과부를 위하여 남겨두라 그리하면 네 하나님 여호와께서 네 손으로 하는 모든 일에 복을 내리시리라 신 24:19

가난한 자를 보살피는 자에게 복이 있음이여 재앙의 날에 여호와께서 그를 건지시리로다 시 41:1

구제를 좋아하는 자는 풍족하여질 것이요 남을 윤택하게 하는 자는 자기도 윤택하여지리라 잠 11:25

가난한 자를 불쌍히 여기는 것은 여호와께 꾸어드리는 것이니 그의 선행을 그에게 갚아 주시리라 잠 19:17

하나님은 이 외에도 성경을 통해 여러 차례 우리의 나눔을 기억하고 복을 내리겠다고 약속하셨다. 왜 그러셨을까? 성경에서 가장 도움이 필요한 사람으로 상징되는 그룹은 고아와 과부와 나그네이다. 이들은 사회적인 구조 속에서 가난하고 소외되며 연약한 사람들이다. 이러한 사회적 약자들을 하나님이 보호하겠다고 나선 것이다. 그러니 하나님을 대신해 그들을 돕는다면 하나님은 그들을 돕는 자들에게 복을 내리시겠다는 것이다.

그런데 하나님은 어째서 이런 번거로운 방법으로 그들을

돌보고 먹이시는가? 누군가를 통하지 않고 직접 하셔도 되는 것 아닌가? 그런데도 굳이 이런 방법을 택하시는 이유는 무엇일까?

이것은 창조의 원리를 보면 알 수 있다. 과학이 아무리 발전해도 현재까지 피를 대신할 수 있는 것은 피 밖에 없다. 그래서 헌혈이 필요하다. 그런데 희한한 것은 다른 사람을 살리기 위해서 내 몸에서 피가 빠져나가면 내 몸은 힘들어야 하는데, 오히려 몸에서는 새로운 피를 생성하므로 더 건강해지고 활기가 생긴다. 남도 살리고 나에게도 유익이 되는 방식이다. 기꺼이 손해 볼 줄 아는 사람, 희생할 줄 아는 사람, 나눌 줄 아는 사람은 결국 남도 살리고 자신도 살게 된다. 이것이 바로 삶에서 드리는 예배이다.

예배는 우리를 살리는 자리이다. 예배의 자리는 강력한 힘이 있다. 한국 교회는 예배를 통해 놀라운 변화를 경험한 적이 있다. 1907년 사경회가 열린 평양의 장대현교회에서 뜨거운 성령의 역사가 일어났다. 밤새 개인과 공동체의 회개가 시작되었고 그날 모인 수많은 사람은 실제적인 성령의 임재를 경험했다. 이것이 평양 대부흥의 시작이었다. 그런데 이것은 사실 1903년 원산에서 있었던 로버트 하디(Robert A. Hardie) 선교사의 회개에서부터 비롯되었다. 그는 성도들 앞에서 자신의 믿음 없음과 교만을 눈물로 자복하며 회개했고, 조선인들의 아픔을 진심으로 품지 못했던 자신의 잘못을 예배 시간에 공개적으로 고백했다. 그 이후 곳곳에서 회개 운동이 일어나 평양대부흥운동으로까지 이어졌다.* 이렇게 시작된 강력한 부흥의 불길은 전국으로 빠르게 확산되었고 복음은 사회 전반에도 놀라운 변화를 가져왔다. 사람들은 우상숭배를 멀리했고, 축첩과 간음을 회개했으며, 교육에 대한 열망으로 새로운 기대감을 갖게 되었다.

하나님은 예배를 통해서 일하시며, 우리의 마음을 새롭게 바꾸신다. 우리의 생각과 시선을 변화시키며 올바른 관계로 세워 가신다. 그래서 예배의 자리가 우리의 일상과 긴밀히 연결되어 있음을 고백하지 않을 수 없다.

물질을 움켜쥘수록
구원과 자유를 놓친다

하지만 우리 안에 있는 인간적 욕망은 예배의 자리에 머무는 것을 끝없이 방해한다. 성경에서 우리에게 가르쳐 주신 것은 손을 움켜쥐지 말고 펴는 것이다.

네 하나님 여호와께서 네게 주신 땅 어느 성읍에서든지 가난한 형제가 너와 함께 거주하거든 그 가난한 형제에게 네 마

<hr />

* 이덕주 저, 《한국 교회 처음 이야기》, (홍성사, 2006) pp. 158-159.

음을 완악하게 하지 말며 네 손을 움켜 쥐지 말고 반드시 네
손을 그에게 펴서 그에게 필요한 대로 쓸 것을 넉넉히 꾸어
주라 신 15:7-8

손을 펴라는 것은 베풀고 흘려보내라는 것이다. 그러나 욕
망은 끝이 없다. 쌓아 두고 움켜쥐려 할수록 욕망은 더욱 커
져만 간다.

과거 아프리카 원주민들은 빠르게 움직이는 원숭이를 사
냥하기 위해 땅콩을 좋아하는 원숭이의 특성을 이용했다. 입
구의 크기는 원숭이가 겨우 손을 넣을 수 있을 정도로 좁게
만들고 몸통은 땅콩을 가득 넣을 수 있도록 불룩하게 만든
'구어드'라는 도구를 사용했다. 원주민들은 구어드에 땅콩을
넣고 원숭이들이 잘 다니는 길목에 매달아 둔다. 그러면 곧
원숭이가 구어드를 발견하고 다가와 손을 집어넣어 땅콩을
잔뜩 움켜쥔다. 그런데 입구가 좁은 탓에 쉽사리 손을 빼지
못한다. 움켜쥔 땅콩을 놓으면 손을 뺄 수 있지만, 한 알이라
도 더 먹으려는 욕심 때문에 빼지 못하는 것이다. 며칠 후에
가 보면 원숭이가 아직도 손을 빼지 못하고 구어드에 집어넣
은 채 널브러져 있다. 그때 원주민들은 손쉽게 원숭이를 잡
는다. 원숭이의 탐욕을 이용한 사냥법이다. 그런데 과연 이
런 원숭이의 어리석음을 인간이 비웃을 수 있는가? 움켜쥐
고 끝까지 놓지 못하는 것이 우리에게는 없는가?

성경에는 움켜쥐기만 했던 삶에서 나눔의 삶으로 극적인 전환을 이룬 한 사람이 등장한다. 삭개오다. 성경은 그의 인생을 통해 진정한 회개의 열매로 나타나는 자선을 소개한다. 삭개오는 부자였지만 작은 키 탓에 사람들 사이에 섞이지 못했다. 그는 자신의 존재감을 돈의 위력에 기대고자 했다. 사람들이 가장 선망하는 부를 거머쥐면, 아무도 자신을 '작은 자'로 여기지 않을 테니 말이다. 그래서 그가 선택한 직업은 세리였다. 당시 유대 지역을 다스리던 로마는 그곳에서 부과된 세금을 로마인이 아닌 현지인에게 맡겼다. 그런데 징수를 담당하던 세리들은 부과된 세금보다 더 많은 액수를 거둬들여 착복했다. 주민들 입장에서 세리는 착취와 부패의 대명사였다.

삭개오는 여리고 지역의 세리장이었다. 여리고는 유대와 이집트를 잇는 무역로였기 때문에 과세의 중심지였고, 이 지역 세리에게는 고수익이 보장되었다. 그만큼 그가 쌓아 올린 부의 수준은 가히 짐작하고도 남는다. 그는 돈과 권력이라는 수단을 통해 높은 지위로 올라가면 사람들이 자신을 우러러볼 수 있으리라 여겼을 것이다. 그런데 그가 부를 얻은 것은 누군가의 땀과 눈물을 착취한 결과였다. 그는 좋은 집에서 잘 먹고 잘살았지만 사람들은 그를 가까이하고 싶지 않은 '죄인'이라고 불렀다.

이른바 '파이어족'이 현대인들에게 선망의 대상이 되고 있다. 부를 창출해서 늦어도 40대 초반의 나이에 조기 은퇴해 경제적 자유를 이루고자 하는 젊은이들을 이르는 말이다. 승진을 목표로 영어 공부나 자기계발을 해서 스펙 쌓기에 몰두한다는 말도 이제는 옛날 이야기다. 이제 사람들은 월급에 미련을 두지 않고 주식 투자나 부동산 공부를 하고 부업에 매진한다. 이를 두고 물질주의, 자본주의의 폐해라고 말하기도 하지만, 사실 이러한 세태의 이면에는 물질적 탐욕보다 불안과 두려움, 스트레스가 더 크게 자리 잡고 있다. 더이상 노동을 통해 얻는 임금으로는 여유를 누릴 수 없고 더 나은 삶에 대한 희망을 갖지 못한다고 생각하는 것이다. 실제로 최근 부동산 폭등, 물가 상승, 세금 부담 등으로 양극화가 심해지고 있다. 그러니 돈으로 고통당하지 말아야겠다는 생각과, 더 악착같이 부를 축적하고자 하는 결심을 불러일으킨다. 평범한 개인들은 부당한 기회와 출발점에서 독주하는 특권층의 모습을 목격하며 나름의 노력을 통해 생존 플랜을 만들어 가는 것이라고 주장할 수도 있다.

그런 점에서 우리는 모두 일면 삭개오를 닮았다. 핸디캡을 극복하기 위해 수단과 방법을 가리지 않는다. 역설적으로 우리는 경제적으로 자유하기 위해 물질을 추구하며 속박당하고 있는 건 아닐까? 그렇다면 우리는 어떻게 진정한 구원과 자유를 얻을 수 있을까?

삭개오는 자신의 인생을 구원하고자 부와 권력을 추구했

다. 그런데 그 결과 사람들은 그를 더욱 미워했고 자신도 고립되었다. 이웃의 고통을 외면한 대가로 공동체의 배척을 받은 그는 사실상 자신의 울타리를 잃어버린 자였다. 그런 삭개오에게 하루는 예수님에 대한 소식이 들려왔다. 군중들 사이에서 예수님을 보기 힘들었던 그는 체면도 내려놓고 돌무화과나무 위로 올라갔다. 그런데 놀랍게도 예수님이 많은 사람이 지켜보는 가운데 그의 이름을 불러 주셨다. 그리고 그의 집에 머물겠다고 하셨다(눅 19:5). 사람들은 예수님이 죄인의 집에 들어간다고 수근거렸다. 하지만 예수님은 누군가와 교제하는 데 자격과 조건을 전제하지 않으셨다. 고아, 과부, 장애인, 세리, 창녀 등 사회의 비주류들 또는 죄인으로 낙인찍힌 이들과 함께하셨다. 그 결과 하나님을 떠났던 자들이 돌아오고 구원의 삶을 누리게 되었다.

우리는 때때로 내면의 결핍을 하나님이 아닌 것들로 채우려 한다. 하지만 그럴수록 내면은 더욱 공허해진다. 구원의 핵심은 인간을 죄악에서 건져 내 하나님과 올바른 관계를 맺는 것이다. 허기진 마음을 채우고 병든 마음을 치유하는 것이 구원이다. 전적으로 하나님께 돌아가는 방법은 다른 데 있지 않다. 바로 회개로부터 시작한다. 우리는 흔히 회개한다고 했을 때 죄의 고백과 함께 눈물을 흘리며 간증한다. 그러나 진정한 회개는 고백이나 감정적인 결단에만 그치는 것이 아니다. 히브리어에서 '회개'는 두 가지 단어를 사용한다.

먼저 '나함'(נחם)은 잘못한 일에 대한 슬픔과 회한을 느끼는 한숨이다. 또 하나는 '슈브'(שוב)인데 '돌아오다, 되돌아서 가다'라는 뜻으로 감정이 아닌 행동의 단어이다. 회개로의 부름은 죄에서 돌이켜 하나님을 향해 움직이는 반응이다.

그래서 주의 길을 예비하던 세례 요한이 외쳤던 것도 회개였다. 그는 회개에 알맞은 열매를 맺으라고 말하면서, 단호히 행동의 변화를 촉구했다. 회개의 열매가 무엇인지를 묻는 군중들의 질문에 요한은 "옷 두 벌 있는 자는 옷 없는 자에게 나눠 줄 것이요 먹을 것이 있는 자도 그렇게 할 것이니라"(눅 3:11)라고 하면서, 세리들에게는 "부과된 것 외에는 거두지 말라"(눅 3:13)고 하고, 군인들에게는 "사람에게서 강탈하지 말며 거짓으로 고발하지 말고 받는 급료를 족한 줄로 알라"(눅 3:14)고 했다. 그의 말을 정리하자면, 회개의 열매는 '나눔, 정직, 자족'이다. 예수님을 인생의 중심에 모실 때 하나님과의 관계가 회복되고 회개의 열매를 맺으며 살아갈 수 있다.

내려오는 삶을 사는 사람에게
주어지는 특권

예수님이 삭개오에게 내려오라고 하신 말씀은 단순히 나무에서 내려오라는 의미가 아니다. 예수님이 세상의 권력자들처럼 군림하지 않으시고 고통과 아픔을 겪는 사람들 사이로 내려오셔서 그 연약함을 함께 겪고 나누셨던 것처럼, 그리하여 메말랐던 인생들에게 생명의 열매가 열렸던 것처럼, 올라가는 것이 구원이라고 생각했던 삭개오에게도 돈과 권력을 지향하는 삶에서 이제 내려와도 괜찮다고 하신 것이다. 올라가는 삶에서 내려오는 삶으로의 가치 전환은 자기 중심적인 삶, 소유의 확장과 채움에만 몰두하는 삶에서 돌이키는 것이다. 그리고 위로부터 흐르는 주님의 은혜와 사랑을 아래로 흘려보내는 역할을 하는 것이다.

이전의 삭개오는 이웃의 고통을 외면한 채 자신의 소유를 늘렸다. 그의 삶의 범주에 이웃은 존재하지 않았다. 그러나 예수님을 만난 삭개오는 이제 잃어버렸던 이웃을 떠올린다. 그들에게 상처 주었던 것, 불의한 일을 저질렀던 자신을 돌아본다. 삭개오는 회개의 방식으로 이웃이 겪은 아픔의 대가를 지불하고자 했다. 삭개오는 스스로 불의한 자임을 깨달았고, 그 불의를 바로잡기 위해 마음뿐 아니라 지갑까지 회개하고자 했다. 가난한 자들을 향한 책임의식을 갖고 자신도 이제는 예수 공동체 안으로 들어가고자 한 것이다.

그는 주님께 말하길, 자기 소유의 절반을 가난한 자들에게 주겠고, 만일 누구의 것을 속여 빼앗은 일이 있으면 네 갑절이나 갚겠다고 선포했다(눅 19:8). 당시 관습으로 자기 재산의 20퍼센트를 이웃에게 나누는 자는 자비하다 칭송받았다. 그런데 삭개오는 재산의 절반을 가난한 자들에게 주겠다고 했다. 그리고 율법에 의하면 훔쳐 빼앗은 것을 팔아 버리면 네 배로 갚아야 하고(출 22:1), 아직 갖고 있으면 두 배로 보상하도록 했으며(출 22:4), 만약 죄를 뉘우치고 값을 치르면 본래 값에 5분의 1만 더해서 갚도록 했다(민 5:7). 그런데 삭개오가 네 배로 배상하겠다고 말한 것은 자신이 취한 이득을 도둑질해서 빼앗은 것으로 간주했다는 의미다. 게다가 법이 정한 한도를 넘어 자신의 소유를 나누겠다고 한 것이다.

그동안 삭개오는 세리로서 이득 앞에서는 누구보다 계산이 빠른 사람이었다. 하지만 예수님을 만난 뒤 자신의 삶에 새로운 계산법을 적용했다. 그것은 바로 예수님이 보여 주신 사랑과 은혜의 계산법이었다. 삭개오가 돈을 나누겠다고 결심하고 실천한다는 건, 그동안 자신의 인생에서 절대적 가치였던 재물이 이제는 상대적 가치로 변했다는 것을 보여 주는 행동이다. 이것이 그의 회개의 열매였다. 삭개오는 전인격적인 변화를 경험하고, 가치 혁명적인 변화를 결단했다. 그 고백에 주님은 "오늘 구원이 이 집에 이르렀다"고 말씀하셨다.

구원은 해방을 의미하기도 하지만 본래 상태로의 회복을 뜻하기도 한다. '잃어버린 자'였던 삭개오는 회개의 열매를 통해 하나님과 이웃을 회복한다. 그리고 어려운 이웃을 회복시키는 자가 된다. 우리 역시 그리스도인으로 살아가고자 한다면 이웃을 향한 은혜의 계산법을 적용해야 한다. 복음을 들으면 물질을 흘려보내고 필요한 곳에 나누게 된다. 그동안 내가 가진 것을 자랑하며 살았다면 이제는 나눌 수 있음을 자랑스러워하게 되는 것이다.

사회, 경제적으로 우월한 지위에 있는 사람이 상대방에게 부당한 요구나 횡포를 부리는 것을 '갑질'이라고 한다. 이 갑질 문화는 우리 사회의 고질병으로 여겨지는 문제다. 사람들은 갑질을 당하지 않으려고 본인이 '갑'이 되는 것을 꿈꾼다. 그리고 그 방법으로 돈을 취하려고 한다. 그런데 2015년 노벨경제학상을 탄 앵거스 디턴(Angus S. Deaton) 교수의 연구에 따르면, 소득이 높아질수록 삶의 만족도는 높아지지만 행복감은 높아지지 않는다고 한다. 보통 연봉 7만5천 달러(약 9천만 원)에서 이 행복감은 멈춘다고 한다. 돈의 액수가 올라간다고 해서 끝없이 행복해지는 것이 아니라, 연 수입 9천만 원이 넘어가면 더는 돈이 주는 행복감이 커지지 않는다는 것이다. 그 이상이 되면 다른 것이 채워져야 행복감을 느낀다. 때문에 소유로 느끼는 행복은 일시적이며 상실 후에는 오히려 더 큰 불행을 느낄 수 있다.

반면, 달리기를 하다 보면 처음에는 숨이 차고 힘들다가 체력이 한계에 다다른 순간, 엔도르핀이 쏟아져 나와 희열감이 느껴지는 상태를 종종 경험할 수 있다. 이를 '러너스 하이'(runner's high)라고 한다. 그런데 나눔과 섬김 활동을 꾸준히 하는 사람도 그와 비슷하게 '헬퍼스 하이'(helper's high) 현상을 경험한다고 한다. 타인을 돕고 난 뒤에 심리적 포만감과 행복감을 충만하게 느끼면서 신체와 정신적 건강은 물론이고 영적인 건강까지도 향상된다는 것이다. 2015년 보건복지부는 "나눔실태 2015"를 발간했는데, 나눔과 기부에 참여한 사람의 삶의 만족도가 그렇지 않은 사람보다 월등히 높은 것으로 나타났다. 즉 나눔은 인간의 행복지수를 상승시키는 요인이라는 것을 알게 한다.

흔히 돈을 사용하는 스타일을 보면 그가 어떤 사람인지 알 수 있다. 그러니 그 사람이 진정으로 그리스도의 제자가 되었는지 확인해 보고자 한다면 돈을 어디에 사용하는지 보면 된다. 우리의 가치관이 가장 민감하게 드러나는 부분은 경제생활이기 때문이다. 그동안 취미생활이나 외모, 건강을 위해 돈을 써 왔던 것이 이제는 다른 이들의 구원을 위해 쓰고 싶어진다면 지갑과 마음을 돌이킨 것이다.

사도 바울 역시 교육적 차원에서 재물에 대한 태도를 언급한다.

> 네가 이 세대에서 부한 자들을 명하여 마음을 높이지 말고 정함이 없는 재물에 소망을 두지 말고 오직 우리에게 모든 것을 후히 주사 누리게 하시는 하나님께 두며 선을 행하고 선한 사업을 많이 하고 나누어 주기를 좋아하며 너그러운 자가 되게 하라 이것이 장래에 자기를 위하여 좋은 터를 쌓아 참된 생명을 취하는 것이니라 딤전 6:17-19

그리스도의 제자는 그 어떤 보화보다 구원이 가장 값진 것임을 안다. 그 외에는 모두 부수적인 것들이다. 예수님처럼 살아가고자 하는 거룩한 열망은 우리가 내려놓는 물질적 욕망의 양만큼 마음에 채워진다. 이것이 바로 영성이며, 영적 예배인 삶이다.

예수님이 삭개오에게 "오늘 너의 집에 머물겠다"고 하신 것처럼, 삶의 가치를 전환한 사람에게는 함께 거하시겠다는 주님의 약속이 특권으로 주어진다. 삭개오는 그런 주님을 영접하며 제자로서의 첫걸음을 뗐다.

진정한 축복은
물질이 아닌 나눔이다

마틴 루터 킹(Martin Luther King) 목사는 우리가 물질적으로 부유해질수록 정신적, 영적인 부분은 빈곤해진다고 말했다. 그는 인류가 새처럼 공중을 날고 물고기처럼 바다를 헤엄치는 복잡한 기술을 터득했지만, 모두 형제처럼 살아가는 간단한 기술은 터득하지 못했다고 꼬집었다.

이웃 사랑은 결코 관념적인 것이 아니다. 하나님 사랑을 실재적으로 나타내는 표지이다. 진정한 구원과 회복은 잃어버린 이웃을 되찾는 데 있다. 이웃에 대해 형제 의식을 갖고 책임을 느끼는 데 있다. 아무리 열심히 신앙생활을 한다 해도 공동체 안의 가난한 사람들을 향한 사랑과 책임의식이 없다면 그것이 진정한 믿음인지 살펴보아야 한다.

누가복음 18장에는 한 관리가 예수님께 와서 영생을 얻는 법을 질문한다. 그는 어려서부터 모든 율법을 다 지켰다고 말한다. 누가 봐도 나무랄 데 없는 종교인이었다. 그러나 예수님은 그가 가진 믿음의 본질에 대해 말씀하신다. 그는 아직 한 가지가 부족했다. 예수님은 그에게 가진 것을 다 팔아 가난한 자에게 나눠 주고 나를 따르면 하늘의 보화가 있을 것이라고 하셨다(눅 18:22). 주님은 그가 단순히 소유물을 팔 수 있는가 아닌가에 대해 시험하신 것이 아니다. 그의 관심과 믿음이 어디에 있는지를 물으시는 것이다. 스스로 율법을 모두 지켰다고 말하는 그에게 그렇다면 이웃을 섬김으로 하나님의 사랑을 온전히 드러낼 수 있는지 시험해 보고 계신 것이다.

자선은 우리 마음이 하나님께 전적으로 향해 있다는 것을 보여 주는 구체적인 표현이다. 하지만 부자였던 관리는 크게 근심했다. 재물에 대한 욕망을 내려놓지 않는 한 가난한 이웃을 돌아보는 일은 할 수 없다. 아무리 교회에서 열심히 예배를 드려도 삶의 예배로 이어지지 않으면 안 되는 것이다. 이것은 율법을 다 지키는 것보다 가난한 사람을 돕는 것이 더 어려운 일이라는 걸 보여 준다.

당시 사람들은 부자는 하나님의 축복을 받은 자라고 여겼고, 가장 먼저 하나님 나라에 들어갈 수 있다고 생각했다. 그러나 예수님은 부유함이 아닌 나눔이 하나님의 축복을 증거하는 것이라고 말씀하셨다. 세상에 돈을 귀하게 여기지 않는 사람은 없다. 여러 매체를 통해 나오는 범죄 소식을 들으면 돈 때문에 일어난 일이 너무도 많다. 그러나 돈의 가치는 소유하고 있을 때보다 사용할 때 제대로 발휘된다. 쌓아만 두고 내놓지 않는 인색함과 완고함은 스스로를 불행하게 할 뿐아니라 남도 불행하게 만든다. 물질을 필요한 이웃에게 나누는 것이야말로 하늘에 보화를 쌓아 두는 가장 지혜로운 셈법이다.

  4세기에 활동했던 교부 바실리우스는 빈부의 격차와 양극화 상황에 대해 문제의식을 가졌던 인물이다. 그는 남아도는 것이 있다면 그것이 무엇이든 가난한 사람들에게 나누어야 한다고 강조했다. 그는 저서 《내 곳간을 헐리라》에서 이렇게 말한다. "누가 탐욕스러운 사람입니까? 충분히 만족하지 못하는 사람입니다. 누가 강도입니까? 모든 사람에게 속한 것을 빼앗아 가는 사람입니다. 하나님이 대신 관리하도록 당신에게 주신 것을 당신의 소유물로 여긴다면 탐욕스러운 사람이며 강도가 아닙니까? 당신이 꼭 잡고 있는 빵은 굶주린 이의 것이며, 당신이 옷장에 보관하고 있는 옷은 벌거벗은 사람의 것입니다. 당신의 신발장에서 썩어 가고 있는 신은 맨발로 다니는 사람의 것이며, 당신이 금고 속에 숨긴 은은 빈곤한 사람의 것입니다." 그는 자신이 한 말처럼 재산을 전부 팔아 무료 식당을 열었고, 여행자와 가난한 이를 위한 쉼터와 병원을 지어 제공했다. 그의 활동은 다른 지역에도 영감을 주어 국가의 손길이 미치지 못하는 곳에 구제시설이 세워지도록 했다.

당시에도 많은 사람이 예수님의 가르침을 들었지만 자신의 이기적인 욕망과 이웃의 고통에 무관심한 태도를 버린 이들은 소수였다. 예수님이 우리에게 원하는 삶은 자신의 것을 하나도 포기하지 못하면서 신앙생활을 이어 가는, 착하고 성실한 종교인의 삶이 아니다. 주님은 가난한 자, 소외된 자, 낮은 곳에 처한 자를 기억하며 삶의 실제적인 변화로 응답하는 이들을 찾고 계신다.

우리가 누리는 물질의 복은 한편으로는 하나님의 시험이기도 하다. 물질이 하나님으로부터 왔음을 기억하는지, 이웃을 섬기고 베푸는 책임의식을 갖고 있는지 확인해 보는 것이기도 하다. 은혜의 통로로써 이웃과 공동체를 유익하게 하기 위해 주신 물질을 나와 내 가족만을 위해 사용한다면 아직 하나님의 은혜를 모르는 것이다. 구원받은 삶이 무엇인지 깨닫지 못한 것이다.

세상 사람들은 그리스도인들이 물질을 어떻게 사용하는지에 관심이 많다. 기독교는 잘 몰라도 기독교의 중요한 가치가 '사랑'과 '나눔'이라는 것은 안다. 물질주의에 물든 세상이지만 그리스도인들만은 좀 다르길 바란다. 그래서 교회나 그리스도인들이 물질을 바르게 사용하지 못하는 문제가 터졌을 때 더욱 혹독하게 질책하고 비난하는 것이다.

그리스도인의 물질 사용에 관해 존 웨슬리의 가르침은 많은 것을 시사한다. 그는 생활에 필요한 재산과 나눔에 필요한 재산을 구분하여 사용할 것을 강조한다. 실제로 웨슬리는 자신의 소득을 다음과 같이 사용했다. 웨슬리가 처음 목회를 시작할 무렵, 연 소득이 30파운드였다. 그는 1년에 28파운드 정도면 생활할 수 있다고 생각하고, 2파운드를 가난한 사람을 위한 구제비로 내놓았다. 다음 해 그의 소득은 60파운드로 늘었다. 소득이 두 배로 는 만큼 구제비도 2파운드에서 4파운드로 늘렸을 것이라 예상할 수 있지만, 웨슬리의 계산법은 전혀 달랐다. 작년처럼 28파운드로 생활하고 32파운드를 구제비로 사용했다. 몇 해가 지나 소득은 120파운드로 늘었지만 여전히 그는 28파운드만 생활비로 사용하고 나머지 전부를 가난한 사람을 위해 사용했다. 노년에 그는 책 인세 등으로 연 1,400파운드 이상을 벌었지만 끝까지 단순한 삶을 지켰다. 지출을 30파운드 정도로 유지했고, 일생에 단 한 번도 100파운드 이상을 가져 본 적이 없었다.

돈을 사용할 때 중요한 기준은 다른 사람을 위해 얼마를 쓰는가가 아니라 자신을 위해 얼마 이상은 쓰지 않겠다는 결심이다. 탐욕에 휘둘리거나 물질을 우상으로 삼지 않기 위해 필요한 액수 이상으로 사용하지 않도록 제약을 걸어 두는 것이다. 이러한 기준을 세운다면 자족하는 태도를 잃지 않을 수 있다. 반대로 이웃을 구제하는 데는 제약을 두지 않음으로써 하나님이 주신 물질을 끊임없이 흘려보낼 수 있다. 웨슬리의 삶을 통해 어떻게 해야 우리의 예배가 진정으로 산 제사가 될 수 있는지를 깨닫는다. 그리고 진정한 축복은 물질이 아니라 바로 나눔에 있음을 알 수 있다.

예배는 곧 하나님과의 만남이다. 우리가 하나님을 얼마나 사랑하는지, 어떻게 신뢰하고 순종하는지, 하나님을 향한 우리의 마음과 태도가 예배 안에 담겨 있다. 그러기에 하나님은 우리가 드리는 삶의 예배를 유심히 지켜보신다. 그리스도인이라면 매일 하나님을 경험하는 삶을 꿈꾼다. 불 곁에 있으면 뜨겁다는 것을 알고, 꿀을 먹어 보니 달다는 것을 알듯이 우리는 자선을 통해 신비한 하나님의 세계를 경험하며 살아갈 수 있다. 하나님은 여전히 우리가 기쁨으로 예배의 자리로 나오길 기다리신다.

나눔과 적용

1. 우리는 모두 예배자입니다. 그렇다면 예배란 무엇일까요? 하나님이 기뻐하시는 예배는 무엇이라고 생각하나요?

---

2. 하나님은 제사와 규례를 통해 이웃을 섬길 것을 가르쳐 주시고 명령하셨습니다. 이토록 강력하게 명령하신 이유는 무엇일까요?

---

3. 혹시 내가 돕고 싶은 사람이나 영역으로 나눔의 대상을 제한한 적은 없습니까? 나는 나눔의 대상을 어떻게 정하고 있나요?

---

4. 하나님은 '나'만의 하나님이 아니라 '우리 모두'의 하나님입니다. 내가 생각하는 '우리'의 영역은 어디까지인가요?

---

5. 내가 여전히 움켜쥐고 있는 것이 있나요? 그것은 무엇입니까? 움켜쥔 손을 펴지 못하는 이유는 무엇입니까?

---

6. 지금껏 열심히 공부하고, 부지런히 일하며 살아온 것은 무엇 때문인가요?

---

7. 사람은 보람과 행복을 추구하는 과정에서 자신의 사회적 쓸모를 묻는다고 합니다. 나의 사회적 쓸모는 무엇이라고 생각하나요?

---

8. 살면서 나눔을 통해 이웃이 회복되거나 자신이 회복된 경험이 있나요? 또는 자선을 통해 받은 은혜와 축복이 있나요?

---

9. 나는 그동안 어떤 영역에 주로 돈을 지출해 왔나요? 돈을 사용할 때 가장 중요하게 생각하는 기준은 무엇인가요?

_____

10. 섬김은 몸으로 드리는 최고의 예배입니다. 하나님이 기뻐하시는 예배를 드리기 위해 삶의 자리에서 내가 할 일은 무엇일까요?

_____

2부

어떻게
자선해야 하는가

은밀하게,
또 존엄하게

요즘 아이들은 대부분 학원에서 선행학습을 한다고 한다. 중학교에 입학하기도 전부터 중학교 전 과정을 미리 배우는 것이다. 의도는 좋다. 과거에도 복습과 예습을 꾸준히 하는 것이 학업에 도움이 된다고 배우지 않았나. 문제는 예습의 정도가 지나치다는 것이다. 아이들은 제 나이 때에 소화할 수 있는 만큼의 학습을 해야 한다. 선행학습은 아직 수준도 되지 않는 아이들에게 지나치게 어려운 개념을 가르치다 보니 제대로 익히지도 못하고, 학교에 가서는 공부에 재미를 붙이지 못 한다. 이렇게 자녀를 키우다 보면 의도는 좋지만 올바르지 못한 방법으로 가르치게 될 때가 있다. 아무리 좋은 마음과 의도를 가지고 시작했더라도 방법이 잘못되어 차라리 하지 않은 것이 나은 일들이 생긴다.

우리가 무슨 일을 할 때는 좋은 의도만큼 실천 방법도 중요하다. 기독교 자선도 마찬가지다. 잘못된 방식의 도움은 자칫 상대에게 유익이 아니라 큰 상처를 안겨 줄 수 있다. 앞서 자선에 대한 마음과 생각에 대해 깊이 고민한 만큼 실천 역시 매우 신중하게 접근해야 한다. 실천 방법이 얼마나 성숙하느냐는 효용성의 문제가 아니다. 자선에는 많은 도구와 방법이 있지만 그 방식에 대한 고민이 필요하다. 선한 것에 지혜롭고 악한 것에 미련하기를 바란다는 로마서의 말씀처럼 섬김에도 지혜가 필요하다. 그들에게 어떤 방법과 자세로 지혜롭게 다가갈 것인가.

성경은 이에 대해 매우 단호하고 분명한 실천 방법의 원리들을 가르쳐 주고 있다. 특히 자선의 접근법에 대해 크게 두 가지 방향을 제시한다. 하나는 자선의 은밀성이며 또 하나는 인간을 존중하는 태도이다.

기도와 금식처럼
자선도 은밀하게

예수님이 자선에 대해 가르쳐 주신 방법은 '은밀하게' 하는 것이다. 예수님은 산상수훈에서 팔복을 선언하시고 하나님의 백성이 추구해야 할 경건 생활의 중요한 세 가지에 대해 말씀하셨다. 기도와 금식과 구제다. 여기에서 예수님은 기도와 금식처럼 자선 역시 '은밀하게' 하라는 동일한 원리를 적용하셨다.

사람에게 보이려고 그들 앞에서 너희 의를 행하지 않도록 주의하라 그리하지 아니하면 하늘에 계신 너희 아버지께 상을 받지 못하느니라 그러므로 구제할 때에 외식하는 자가 사람에게서 영광을 받으려고 회당과 거리에서 하는 것 같이 너희 앞에 나팔을 불지 말라 진실로 너희에게 이르노니 그들은 자기 상을 이미 받았느니라 너는 구제할 때에 오른손이 하는 것을 왼손이 모르게 하여 네 구제함을 은밀하게 하라 은밀한

　예수님이 자선을 은밀하게 할 것을 강조하신 이유는 무엇일까? 여러 이유가 있겠지만, 그중 하나는 은밀성을 잃어버릴 때 나타나는 위험 때문이다. 기도와 금식처럼 구제 역시 사람에게 잘 보이기 위해 하다 보면 외식하는 자가 될 가능성이 크다.

　어떤 이들은 '좋은 일 하겠다는데 굳이 아무도 모르게 해야만 하나?'라고 생각할 수 있다. '죄 짓는 것도 아니고 사람들이 알게 하는 것이 뭐가 나쁜가?' 반문할 수 있다. 그러나 성경이 말하는 외식하는 자의 의미를 제대로 알면 생각은 달라진다. '외식하는 자'라는 말은 성경에 스무 번 정도 나온다. 헬라어로 '휘포크리테스'(ὑποκριτης)라고 하는데, 이 말은 '연극배우'를 뜻하는 단어로 '가장하다', '꾸미다'라는 말에서 파생되었다. 즉 은밀성을 잃어버린 구제는 하나님이 기뻐하시는 것도 아니며, 참된 경건도 아닌 그저 연극 무대 연출에 불과한 쇼와 같다는 것이다. 예수님은 그렇게 외식하는 자들을 향해 분노하신다. 그리고 오히려 오른손이 하는 것을 왼손이 모르게 하라고 과장법을 써 가며 은밀성을 유지할 것을 강조하신다. 솔직히 오른손이 하는 일을 어떻게 왼손이 모르게 할 수 있는가? 그만큼 하나님이 기뻐하시는 자선은 은밀하게 행하는 것이라는 뜻이다. 비록 사람들이 모르더라도 하나님이 지켜보고 계신다는 것이다.

그렇다면 왜 이렇게까지 말씀하시는가? 자선이야말로 순수성을 유지해야 할 경건의 덕목이기 때문이다. 그러니 그 행위가 연극으로 변질되어서는 안 된다.

> 하나님 아버지 앞에서 정결하고 더러움이 없는 경건은 곧 고아와 과부를 그 환난중에 돌보고 또 자기를 지켜 세속에 물들지 아니하는 그것이니라 약 1:27

성경에서 외식하는 이들은 기도 시간에 맞추어 회당과 큰 거리 어귀에 서서 기도했다. 사람에게 보이기 위해서였다. 주로 바리새인들이었는데, 그들은 당시 종교 선생 같은 기능을 했으니 거리에서 하는 기도에는 대중을 교육시키려는 목적이 있었다. 처음에는 일면 좋은 의도로 시작했을지 모른다. 그러나 시간이 흐를수록 그런 행위들이 경건한 사람이라는 인상을 심어 주었고, 기도 많이 하는 사람이라는 칭찬을 받기도 했을 테니 날이 갈수록 기도는 기도가 아니라 연극이 되어 갔던 것이다. 기도는 살아 계신 하나님 앞에 올려드리는 일종의 예배다. 그런데 바리새인들의 예배는 점점 쇼가 되어 갔다. 정말로 경건해야 할 시간, 하나님과 직면해 친밀한 교제를 나누어야 할 그 시간마저 변질한 것이다.

더 나아가서 철저한 자기 부정을 위한 금식마저도 자기

과시의 도구로 변질할 수 있었다. 바리새인들은 금식하면서 사람에게 보이려고 얼굴을 흉하게 했다. 그래서 예수님은 금식할 때 오히려 머리에 기름을 바르고 얼굴을 씻으라고 하신 것이다. 이어 구제에 대해서도 은밀하게 하라고 하신 것은 구제마저도 외식으로 변질할 위험이 있음을 알려 주시는 주님의 처방이었다.

주님이 우리의 신앙생활에 은밀성을 가르치는 이유는 무엇인가? 우리의 신앙이 보이기 위한 쇼가 되어서는 안 되기 때문이다. 우리도 마찬가지다. 누군가의 칭찬을 받기 위해, 신앙 좋은 사람으로 보이고 싶은 마음에, 자신의 만족감 때문에 기도와 금식, 봉사와 구제를 하지 않도록 경계해야 한다. 처음 의도가 변질할 위험은 누구에게나 있다. 그래서 기도가 연극이 되지 않도록 하나님은 우리를 골방으로 초대하시는 것이다. 어떤 청중도 없는, 오롯이 하나님과 대면하는 그 자리로 말이다. 주님이 우리에게 요구하시는 것은 단순하다. "마음을 다하고 목숨을 다하고 뜻을 다하여 주 너의 하나님을 사랑하라 하셨으니"(마 22:37), 이 일에 진심을 담아 그 마음을 보여 달라는 것이다.

은밀성을 잃어버리면 하나님의 영광을 우리가 가로채게 된다. 구제할 때에 외식하는 자가 하는 것처럼 회당과 거리에서 나팔을 불게 된다. 구제할 때 거리에서 나팔을 부는 이유는 사람들에게 주목받고 영광을 받기 위해서다. 그러나 그 영광은 누구에게로 돌아가야 하는가? 바로 하나님이다. 그런데 하나님의 이름으로 자선을 하는 그리스도인이 마땅히 하나님께 돌아가야 할 그 영광을 자신에게로 옮긴다는 것은 가로채는 것과 같다.

중동 지역은 물이 귀하다. 그래서 옛날부터 자선을 베풀기 원하거나 혹은 종종 좋은 일을 하고 싶은 사람이 큰 수레에 물을 싣고 장터에 나와서 목청이 좋은 사람을 고용해 "목마른 자들이여, 선물로 주는 물을 마시러 오시오!"라고 외치게 했다. 그리고 물을 제공하는 사람은 그 옆에 서서 "당신에게 이것을 마시게 한 나를 축복하시오"라고 말한다. 선행의 목적이 결국은 자신을 위한 것이 되고 마는 것이다. 찬양과 영광은 오직 하나님께 돌아가야만 한다. 사람이 하든 교회가 하든 중요한 것은 그 영광이 누구에게로 향하고 있는가를 살펴야 한다는 점이다.

우리는 그 정도까지는 아니라고 말할 수 있다. 그런데 우리는 가끔 익명성을 잘못 활용할 때가 있다. 하나님 앞에 정직하고 정확하게 드려야 할 헌금은 익명으로 대충 내면서, 구제를 위한 기부금은 당당하게 자신의 이름을 써서 낸다. 이런 일도 있다. 교회마다 낡은 기물을 잘 바꾸지 못하는 이유는 그 헌물을 한 사람이 두 눈 뜨고 지켜보고 있기 때문이다. 강대상도 내가 했고, 그때 헌금도 내가 했고, 건축도 내가 했다고 말하는 사람이 있는 한 바꾸는 것이 힘들어진다. 내가 했다는 그 말과 생각 속에는 내 권리 주장이 들어있다. 설사 그것이 사실이더라도 하나님의 영광을 가로채지 않으려면 "내가 한 것이 아닙니다. 다 하나님이 하셨습니다"라고 고백해야 하는 것 아니겠는가? 은밀함은 우리에게 겸손을 가르친다.

하나님이 공개적으로 갚아 주신다

나눔을 시작할 때의 의도는 그게 아니었을 수 있다. 전혀 그럴 마음이 없었을 수도 있다. 그런데 왜 우리는 의도치 않게 자꾸만 하나님의 영광을 가로채게 되는 것일까? 그 속에는 인정받고자 하는 인간의 욕망이 자리하고 있기 때문이다. 많이 아는 사람처럼 보이고 싶어 하는 마음, 더 많이 버는 사람처럼 보이고 싶은 마음, 실제보다 자신이 더 대단한 사람처럼 보이고 싶은 마음이다.

이 중에는 종교적 허영도 있다. 실제보다 더 경건하게, 더 거룩하게, 더 의롭게 보이고자 하는 마음이다. 바리새인들은 구제할 때 회당과 거리에 서서 나팔을 불며 했다. 하루 세 번 기도 시간이 되면 가만히 있다가도 사람들이 많은 회당이나 길 어귀로 나갔다. 더 경건하게 보이기 위해서다. 기도했는데 사람이 알아주지 않는다면 했던 말을 또 하고 또 하면서 중언부언을 했다.

외식하는 자를 뜻하는 헬라어 휘포크리테스에서 위선자를 뜻하는 영단어 'hypocrite'가 나왔다. 우리가 자선을 열심히해 놓고도 위선자가 되는 안타까운 일은 없어야 하지 않겠는가? 그러기 위해서는 하나님이 드러나야 할 자리에 우리가 드러나지 않도록 겸손의 옷을 입어야 한다. 그렇지 않으면 어느새 하나님을 바라보기보다 사람들을 바라보고 있는나를 발견할 것이다. 하나님은 그런 사람들에게 이미 자기상을 받았다고 말씀하신다. 이는 곧 하나님께 받을 상이 없어진다는 말이다. 하나님은 분명 우리의 자선을 은밀한 중에보시고 갚아 주겠다고 하셨다. 혹여 세상의 주목을 받지 못해도 하나님은 우리가 생각지도 못했던 더 크고 놀라운 복으로 상을 주신다는 것이다. 이것보다 무엇을 더 바라겠는가?

마태복음 6장 4절을 보면, 한글 성경에는 번역이 안 되어있지만, 영어 성경에는 '공개적으로'라는 단어가 포함되어있다.

> 네 구제함을 은밀하게 하라 은밀한 중에 보시는 너의 아버지께서 갚으시리라 마 6:4
>
> That thine alms may be in secret: and thy Father which seeth in secret himself shall reward thee openly. KJV

은밀한 중에 보시는 너의 아버지가 '공개적으로' 네게 갚겠다고 하신다. 우리가 은밀하게 했을 때 하나님은 공개적으로, 사람들이 다 알 수 있도록 갚아 주신다는 것이다. 이 말씀은 상 주신다는 말씀보다 더 확실한 약속이다. 굳이 사람들에게 보이려고 하지 않아도 모두가 다 알아볼 수 있도록 하나님의 방법으로 갚아 주신다는 것이다.

우리는 은연중에 나를 드러내기 좋아한다. 남들이 알아주면 좋겠다고 생각한다. 그러다 보니 자칫 보여 주기식이 되기 쉽고, 하나님께 돌아가야 할 영광을 내가 가로채기도 한다. 그래서 하나님이 우리에게 주실 귀한 상도 놓쳐 버리고 만다. 하지만 은밀하면 우리의 섬김이 절대 쇼가 될 수 없다. 시선을 다른 곳에 빼앗기지도 않게 된다. 무엇보다 하나님의 은혜를 덧입을 수 있게 된다.

이처럼 우리의 구제는 철저히 은밀해야 한다. 하나님의 주권과 영광 아래에만 있어야 한다. 익명으로 기부했다 하더라도 마음속 깊은 곳에 '자기 의'가 살아 있다면 그것은 은밀한 것이 아니다. 우리 마음 속 숨은 동기를 면밀히 살펴야 한다. 사도행전 5장에는 아나니아와 삽비라 사건이 기록되어 있다. 그들은 교회와 사도들 앞에서 거짓말을 했다가 결국 죽음을 맞이했다. 돈을 다 바치지 않아서가 아니었다. 얼마를 바칠지는 그들이 선택하기 나름이었다. 다만 그 값의 얼마를 감추고는 다 드린 것처럼 가장함으로써 자신들이 실제보다 더

너그러운 사람으로 인정받고자 했던 명예욕이 그들을 죽음으로 이끌었다.* '은밀하라'는 것은 남에게 보이지 않게 하라는 뜻만이 아니다. 자선을 행하는 마음과 생각, 의식, 숨은 동기까지 은밀해야 함을 의미하는 것이다. 이것은 하나님의 은혜로만 가능해지는 자세이다. 우리는 이 은혜가 있기를 구해야 한다.

《존 스토트의 산상수훈》에는 예수님이 우리의 죄 된 욕망을 억제하기 위해 구제를 다른 사람에게뿐 아니라 자신에게도 비밀로 하라고 촉구하신다고 한다. 본회퍼(Dietrich Bonhoeffer)는 그리스도인의 구제의 특징은 자기희생과 스스로 잊어버리는 것이라고 했다. 세상에는 오히려 스스로를 감추려 애쓰는 사람들도 있다. 영화 〈천사는 바이러스〉는 해마다 크리스마스 무렵이 되면 어김없이 나눔을 실천하던 한 익명의 기부자 이야기다. 이 영화는 뉴스에 보도된 실화를 바탕으로 제작되었다. 전라북도 전주시의 한 주민센터에 매년 12월이면 어려운 사람을 위해 써 달라며 전화가 걸려왔다. 그가 가르쳐 준 장소에 가 보니 편지 한 장과 함께 현금과 돼지저금통이 놓여 있었다. 이 나눔이 시작된 것은 2000년 무렵이었다. 당시 한 초등학생이 주민센터를 찾아와 '불쌍한 사람을 도

---

* 김경진 저, 《대한기독교서회 창립100주년기념 성서주석 36, 사도행전》, (대한기독교서회, 1990) p.146.

와주세요'라는 말과 함께 돼지저금통을 올려놓았다. 그 학생은 어느 아저씨로부터 부탁을 받은 것이라고 말하고는 떠났다. 그런데 그 이후 해마다 신원을 알 수 없는 한 사람이 익명으로 현금과 돼지저금통을 전달했다. 그가 가르쳐 준 장소는 주민센터 앞이나 주차장 옆 화단 등이었다. 기부자는 누가 볼세라 몰래 돈만 놓고 사라졌다. 2009년에는 조금 긴 메시지가 적혀 있었다. "대한민국 모든 어머니가 그러하셨듯이 저희 어머니도 안 쓰고 아끼며 모으신 돈입니다. 어머니의 유지를 받들어 어려운 이웃을 위해 쓰였으면 합니다. 새해 복 많이 받으십시오. 하늘에 계신 어머니, 존경하고 사랑합니다."

한편으로는 이런 기부가 언론에 알려지다 보니 기부금을 노리는 사람도 나타났다. 2019년에는 익명의 기부자가 센터 주변에 가져다 놓은 성금이 도난을 당한 것이다. 직원들이 경찰에 신고한 후 범행 네 시간 만에 절도범 두 명이 검거되었다. 현장 인근에는 CCTV가 없었지만, 지역 주민들의 도움으로 절도범을 잡을 수 있었다. 며칠 전부터 한 차량이 주민센터 인근을 돌며 잠복까지 하며 돈을 훔쳤다고 하는데, 이를 수상하게 여긴 지역 주민이 차량 번호를 적어 두었고 곧바로 검거할 수 있었다는 것이다.

그러다 이듬해인 2020년, 사람들의 관심이 집중되었다. 한바탕 절도 사건으로 기부자가 낙심하지는 않았을까 싶었던 것이다. 더군다나 코로나19 사태로 저마다 형편이 어려워졌으니, 과연 이런 상황에서도 기부금이 올 것인가 궁금증이 커졌다. 그런데 놀랍게도 성금은 변함없이 전달되었다. 작년 2021년까지 성금은 계속되었고, 그동안 누적 기부액이 8억 1천만 원에 달한다고 한다. 그런데 아직도 기부자가 누구인지는 아무도 모른다. 그래서 그 기부자를 얼굴 없는 천사라고 부른다.

감사한 점은 이 기부 소식이 알려지자 곳곳에서 제2, 제3의 얼굴 없는 천사들이 나타나고 있다는 것이다. 설에는 한 여성이 강원도 춘천에 있는 한 복지센터에 코로나로 힘든 상황에 있는 이웃을 위해 써 달라며 신문지로 싼 현금을 놓고 사라졌다. 울산에는 장애인 기초수급생활을 하는 70대 노인이 어려운 이웃을 위해 써 달라며 현금 다발을 놓고 갔다. 자신은 평소 국가로부터 혜택도 받고 주위의 관심과 도움으로 잘 살고 있으니 자신보다 더 힘든 사람에게 보탬이 됐으면 좋겠다면서 극구 다른 사람들이 모르게 해 달라고 주문했다. 그분은 베트남전쟁에서 한 손을 잃고 자녀도 없이 단칸방에서 홀로 생활하고 있는데 자신의 기초수급생활비를 아껴 조금씩 모았다가 가져온 것이었다.* 가난하다고 나누지 못하는

---

* 〈"나보다 어려운 곳 아무도 모르게" 할아버지의 나눔〉, 2020. 12. 10., 경향신문.

것이 아니다. 예수님은 우리에게도 이렇게 '얼굴 없는 천사'처럼 살라고 말씀하신다. 나눔은 우리 안에 있는 선한 양심을 움직이고, 그것은 얼마든지 선한 바이러스가 되어 퍼져나갈 수 있다는 것을 보여 준다.

성경은 이 땅에 가난한 자가 그치지 않을 것이라고 말한다(신 15:11). 우리가 사는 세상에는 가난한 자와 더 많이 가진 자가 있음을 인정할 수밖에 없다. 즉 누군가는 땅이 있어서 곡식을 거두고 포도원의 열매를 딸 수 있지만, 또 누군가는 가난한 자와 거류민이 되어 떠돌며 산다. 신앙은 이 현실을 외면하지 말고 책임을 지라고 한다. 우리에게 주어진 그리스도인의 의무를 다하라는 의미이다.

가난한 자와 부자가 나뉘는 것은 서로의 결점을 드러내라는 것이 아니다. 사랑을 드러내고 아름다운 조화를 만드는 일에 기여하라는 것이다. 그것이 가능하다는 것을 보여 준 사례가 초대 교회의 모습이었다. 초대 교회에서는 성령을 체험한 사람들이 자신들의 재산을 공동체에 가져오기 시작했다. 그리고 필요를 따라 나누었다(행 2:42-47). 이것은 결코 부자들의 재산을 강탈한 것이 아니다. 누군가는 이상주의적 발상이라고 할지 모른다. 지금의 현실에서는 절대 불가능한 일이라고 말이다. 물론 이상일 수 있다. 그러나 완전한 이상을 실현하는 것이 우리의 목표라는 말이 아니다. 한 걸음만이라도 그 이상을 향해 나아가는 노력이 필요하지 않겠는가.

하나님으로부터 나오는 나눔은 "네 이웃을 네 자신같이 사랑하라"는 예수님의 말씀을 따르는 것이다. 다른 사람이 눈물짓고 있는 이상 나는 진정으로 행복할 수 없음을 영성으로 느끼는 것이다. 나눔은 윤리적 의무감이나 사회적 정의감을 넘어선 영성의 결과이기 때문이다.

진정한 나눔은 누군가의 행복을 줄이거나 어느 한쪽을 가난하게 만들어 다른 한쪽을 부유하게 하는 것이 아니다. 한 농부가 아들에게 물었다.

"농부가 콩을 심을 때 세 알씩 심는다. 왜 그러는지 아니?"

아들이 고개를 갸우뚱하자 아버지가 말했다.

"한 알은 공중의 새들 몫이다."

"또 한 알은요?"

"땅속 벌레들 몫이지."

아들이 말했다.

"그럼 한 알만 농부의 몫이군요."

그러자 아버지는 고개를 끄덕이며 말했다.

"나누는 마음 없이 한 알만 심어 수확을 기대하다가는 빈손이 될 수도 있다는 것을 알아야 한다."

농부의 가르침처럼 하나님은 나눔을 통해 나와 이웃 모두를 풍요롭게 하는 축복의 원리를 알려 주고자 하신다. 하나님이 창조하신 이 땅의 모든 것이 행복할 때, 나도 행복할 수 있다.

인간에 대한 존엄과
사랑으로 행하라

성경이 가르쳐 준 자선의 방법 중 또 하나의 방향은 바로 인간에 대한 존엄과 사랑이다. 즉 자선을 행하는 입장이 아니라 받는 입장을 생각하며 그들의 자존감을 세워 주는 방식이어야 한다는 것이다. 은밀하게 하는 이유 역시 하나님의 형상으로서 인간이 가진 존엄한 가치를 이해하는 사랑의 실천이다. 유대교에서 오른손은 권위와 존엄의 상징이다. 따라서 예수님의 오른손으로 자선하라는 말씀은 그만큼 도움받는 이를 존중하며 접근하라는 말씀으로 이해할 수 있다.

앞서 공동체를 위해 곡식을 모두 거두지 말고 남겨 두라고 가르쳤던 레위기 말씀의 방식에서 또 중요한 의미를 발견한다. 누군가를 도울 때 우리는 다양한 방법으로 한다. 그런데 많은 경우 도와주는 자와 도움받는 자가 직접적, 간접적으로 접촉하게 된다. 하지만 곡식을 남기는 것은 도움받는 자가 누군가를 찾아가거나 직접 도움을 구하지 않아도 된다. 언제든지 편하게 도움을 받을 수 있는 시스템이다. 추수 후 아무도 보지 않을 때 자신들의 수고로 거두어 갈 수 있지 않은가. 이것은 도움받는 자를 배려한 자선이며, 그들의 존엄성을 유지할 수 있다.

성경은 많이 가진 자의 것을 빼앗아 공평하게 나눠야 한다고 말하지 않는다. 자신의 소유를 가난한 사람을 위해 잘 쓸 수 있는 방법을 알려 준다. 나눔에 대한 성경의 기본 정신은 자신의 것을 나눔에 있어서 생색내지 말고, 자신의 주도권을 즐기지 말며, 도움받는 자의 자존심을 세워주라는 것이다. 그러므로 '은밀하게'라는 것에는 누군가를 도울 때 돕는 자의 마음이나 삶의 방식이 아니라 도움을 받는 자의 입장에서 생각하고 존중해 줄 것을 말하는 것이다.

기독교 경제 원리 가운데 내가 많이 벌어서 많이 나누어 주는 것도 필요하지만 때로는 내가 좀 덜 벌고 다른 사람이 내 몫을 가져가게 하는 것도 바람직한 원칙이다. 내가 많이 벌어서 많이 나누어 주는 것을 추구하다 보면 자칫 내가 드러나게 될 수 있고 도움받는 이가 여러 차원에서 눈치를 볼 수도 있다. 하지만 누구든지 와서 남은 곡식을 가지고 갈 수 있게 한다면 나의 의도 드러나지 않을 뿐 아니라 가지고 가는 사람들의 자존심도 상하지 않을 수 있다. 이것이 하나님의 지혜로운 율법인 것이다.

이처럼 하나님은 우리가 누군가를 섬길 때도 모든 지혜를 다해 상대방을 존중하길 바라신다. 그렇지 않으면 자칫 자기중심적인 나눔이 될 수 있다. 우리는 도움받는 이의 입장에서 생각하고 일하는 지혜를 모아야 한다. 선한 의지만 있는 자선은 상대방을 구제하기 어렵다. 지혜와 지식이 없는 선행은 악(惡)이 될 수도 있다. 우리는 오른손이 하는 일을 왼손이 모르게 해야 한다는 것은 알지만 우리의 손이 도움을 받는 사람에게 매우 무례할 수 있다는 것은 잘 모른다. 하나님은 기독교 자선이 이벤트가 아닌 일상이 되기를 바라신다. 무례한 섬김으로 우리의 형제와 자매들이 도움을 받으면서 상처받는 것을 원하시지 않는다.

조금만 생각해 보면 그동안 우리가 얼마나 무례하게 자선을 행하고 있었는지 발견할 수 있다. 교회에서 형편이 어려운 학생들을 세워 놓고 장학증서를 주며 단체 사진을 찍는 모습만 봐도 그렇다. 모두가 보는 앞에 서 있을 학생들의 마음이 어떨지는 고려하지 않는다. 기업 봉사활동을 위해 동원된 보육원 아이들이 낯선 어른들과 시간을 보내면서 얼마나 괴로울지 생각해 본 적이 있는가. 매일 도시락 급식을 받는 독거노인이 고마워할 줄 모른다고 불평불만하는 봉사자는 어떤가. NGO단체 홍보를 위해 방송에 계속해서 노출되는 국내외 빈곤 아동들의 사연도 생각해 볼 필요가 있다. 게다가 외국인 노동자나, 결혼이주여성들에게 반말하며 예의 없이 대하는 직원과 봉사자들도 있다. 좋은 일을 한다고 하면서 우리의 섬김 속에 상대에게 수치를 주는 모순은 없었는지 돌아보아야 한다.

어떻게 나누는 것이 진짜 하나님이 원하시는 자선인지 점검해 보자. 우리가 옳은 일이라 생각하고 행한 일들이 정작 그들에게 고통과 상처를 주었을 수도 있다. 진정한 나눔은 상처를 주지 않는 것이다. 그들 역시 하나님의 형상인 우리의 형제 자매라는 사실을 기억해야 한다.

지역 사회 조직의 창시자로 불리는 사울 알린스키(Saul Alinsky)는 저서 《래디컬, 급진주의자여 일어나라》에서 한 예화를 소개한다. 한 사회학자와 복지기관에서 보조금을 지원받는 신문 배달 소년과의 대화였다. 그 소년은 지역에서 존경받는 인물인 큰 형님이라고 불리는 사람에게도 도움을 받았다. 사회학자는 그 소년에게 복지관과 큰 형님으로부터 받은 도움에 어떤 차이가 있지 물었다. 그러자 소년은 이렇게 말했다.

"복지관이 우리 가족에게 준 돈은 150달러였고 큰 형님은 대략 25달러였어요. 진짜 중요한 건 무엇을 얼마큼 줬느냐가 아니라 어떻게 줬느냐라구요. 큰 형님은 조금도 염탐하지 않고 등까지 토닥여 주면서 진짜 자신의 마음을 담아 줬어요. 큰 형님한테 갔을 때 저는 인간이지요. 그런데 복지관에 갔을 때 저는 하나의 '사례'로 불려요."

상대방을 단순히 수혜자로 여기게 되면 고마움보다 불쾌감을 안겨줄 수 있다는 걸 기억해야 한다. 중요한 것은 무엇을 주었느냐가 아니라 어떻게 주었느냐이다. 우리가 섬기는 이들을 수혜자가 아닌 친구로, 공동체의 일원으로, 하나님의 백성으로 대하는 것은 정부나 기업, 대규모 모금 기관에서 할 수 없는 일이다. 이것은 교회와 그리스도인이 할 수 있는 돌봄의 자세이며 그 어떤 사회복지 서비스와 비교할 수 없는 아름다운 돌봄의 기술이다.

반면 목회자이자 문학평론가인 김기석 목사는 설교에서 주는 이들도 잘 주어야 하지만 받는 이들도 잘 받아야 한다고 말한다. 즉 잘 주고 잘 받는 법이 필요하다는 것이다. 받는 이들도 괜히 주눅 들거나 부끄러워할 이유가 없다고 말이다. 게으름이나 무절제한 삶으로 인해 누군가의 도움을 받아야 하는 것은 사정이 다르지만, 아무리 애써도 곤경에서 벗어나기 어려운 이들은 일어설 수 있을 때까지 누군가의 도움을 받을 수밖에 없다고 말했다. 그러면서 레바논의 시인 칼릴 지브란(Kahlil Gibran)이 받는 이들에게 당부한 말을 알려준다.

"너희 받는 자들아, 인생은 다 받는 자다. 신세 진다는 생각을 말라. 그러면 너희와 너희에게 주는 자 위에다 멍에를 메움이 된다. 차라리 주는 자와 한 가지 그 선물을 날개처럼 타고 위에 오르라. 지나치게 빚진 생각을 함은 아낄 줄 모르는 땅을 그 어머니로 삼고 하나님을 그 아버지로 삼는 그의 넓은 가슴을 도리어 의심하는 일이 되느니라."*

ꞏ

◇◇◇◇◇◇◇◇◇◇◇◇◇◇

＊ 함석헌 저,《사람의 아들 예수, 예언자》, (한길사, 1995) p.236.

하나님의 사랑으로 할 때
자선은 선순환한다

자선에는 물질이 필요하지만, 더 필요한 것은 하나님의 사랑이다. 그저 형식적으로 필요만 채우는 것이 아니라 예수 그리스도를 이 땅에 보내 십자가를 지게 하면서까지 사랑하신 하나님의 마음으로 섬겨야 한다. 하나님의 자비는 선별적이지 않다. 과거에 우리가 어떤 모습이었든지 차별하지 않고 자비를 베푸신다. 그리고 내게 해 주신 것처럼 세상 모든 사람에게 자비를 베푸신다. 우리가 '하나님의 마음을 따라 산다'라고 말할 때, 우리 역시 하늘에 계신 아버지처럼 자비를 베푸는 사람이 되어야 한다. 그것은 계산적이지 않은 사랑이다. 우리가 자선에 어떻게 접근하느냐에 따라 상상할 수 없을 만큼 아름다운 열매가 맺힐 수 있다.

철학자 김형석 교수가 한 일간지에 연재했던 〈김형석의 100세 일기〉라는 칼럼에서 읽은 글이다. 어느날 김형석 교수는 B라는 의사가 세상을 떠났다는 소식을 들었다. 그 의사는 의대를 졸업하고 고향인 대구로 내려가 많은 환자를 돌보다 83세에 세상을 떠났다. 특별히 가난한 환자들에게 무료로 진료를 해 주고 어려운 학생들에게 장학금을 전하는 등 헌신적인 삶을 살았다. 그리고 마지막엔 자신의 시신을 해부학 교실에 기증하고 떠났다. 그런데 몇 해 전, 김형석 교수가 지방에서 강연을 마치고 나오는데 한 30대 남성이 자신을 찾아와 어려울 때 학비를 도와주어 무사히 대학을 졸업할 수 있었노라고 인사를 하더란다. 그런데 아무리 생각해 봐도 자신은 이 젊은이를 도와준 기억이 없었다. 알고 보니 이 젊은이는 세상을 떠난 B 의사에게 도움을 받아 공부를 했는데, 장학금을 받을 때 그 의사가 이런 말을 했다고 한다.

"이 돈은 내가 주는 것이 아니고 내가 대학에 다닐 때 김형석 선생님이 도와준 것이다. 너에게 주는 것은 김 선생님을 대신해서 주는 것이니 너도 훗날 사정이 허락하면 이 돈을 가난한 학생에게 줘라."

그제야 그 젊은이가 한 말을 이해할 수 있었던 김형석 교수는 80여 년 전 중학생이었을 때 모우리(E.M. Mowry) 선교사가 형편이 어려웠던 자신을 도와주며 말했던 것이 생각났다. "이것은 예수님이 주시는 것이다. 그러니 너는 가난한 제자가 생기면 예수님을 대신해 주면 된다." 그는 이 사랑이 여럿을 거쳐 젊은이에게까지 전달되었다는 사실을 알았다.[*]

자선은 얼마든지 아름다운 선순환이 일어날 수 있다. 지금은 복지라는 이름으로 정부와 기업에서 물질의 필요를 채우고 있다. 성경이 우리에게 요구하는 자선은 단순히 그들의 필요를 채우는 것이 목적이 아니라 사랑과 배려를 담은, 존엄성을 지키는 행위여야 한다. 그렇게 된다면 우리의 사랑의

---

[*] 〈김형석의 100세 일기〉, 2020.01.11., 조선일보.

수고가 상대에게 부끄러운 기억으로 남지 않고 얼마든지 감사와 기쁨으로 남을 수 있다.

중세의 유명한 사상가 마이모니데스가 기독교의 자선 문화에 미친 영향은 막대하다. 그는 자선의 수준을 여덟 가지로 제시했는데, 어떤 방법으로 하느냐에 따라 높은 수준과 낮은 수준으로 구분된다.*

자선의 8단계

1단계, 무이자로 대출을 해 주거나, 사업의 파트너로 삼거나, 직업 구하는 것을 도와주는 등, 스스로 자립할 수 있는 도움을 주는 것.

2단계, 누가 주는지, 누가 받는지 모르게 행하는 것.

3단계, 주는 사람은 알지만 받는 사람은 누구의 도움인지 모르는 것.

4단계, 받는 사람은 누구로부터 받는지 알지만, 주는 사람은 누가 받는지 모르는 것.

5단계, 부탁을 받기 전에 자발적으로 먼저 돕는 것.

6단계, 부탁을 받고 돕는 것.

7단계, 기꺼이 돕지만 충분하지 않은 금액으로 돕는 것.

* 조너선 색스 저, 임재서 역, 《차이의 존중-문명의 충돌을 넘어서》, (말글빛냄, 2007) p.204.

8단계, 억지로 마지못해 돕는 것.

그는 자선의 8단계를 통해 자선의 바른 실천 방법을 제시했다. 여기서 1단계가 가장 높고 8단계가 가장 낮은 수준의 자선이다. 그는 자선을 행할 때, 모두의 익명성을 보장하는 데 관심을 가졌다. 또한 최고의 자선은 받는 이가 스스로 자립할 수 있도록 하는 것이다. 이른바 '물고기 대신 물고기 잡는 법을 가르치는 것'이다. 이것은 단순히 물질적 도움을 주는 걸 넘어 자신의 지식과 정보, 인맥을 이용해 자립에 필요한 모든 도움을 망라하는 것이다. 즉 스스로 살아갈 힘과 용기를 얻고 삶의 회복을 돕는 것이 체다카의 가장 위대한 면으로 본 것이다.

반면 가장 낮은 수준의 자선은 주고받는 사람이 서로 아는 상태에서 마지못해 행하는 것이다. 받는 사람의 입장에서 누구의 도움을 받는지 아는 것도 자존심이 상하는 일이지만 자신이 누구를 돕는지 아는 것도 그리 좋은 방법은 아니라고 보았다. 왜냐하면 의도하지 않게 상대방을 자신에게 종속시킬 수 있는 여지가 있기 때문이다. 주목할 것은 8단계에서 1단계로 갈수록 대상자를 존엄하게 대하는 태도가 깊어진다는 점이다. 도움에도 매너가 있다. 나와 우리 교회가 행하는 도움의 수준이 어느 단계에 있는지 성찰이 필요하다.

미국의 구제 사역의 변화를 한 예로 들어 보자. 과거 미국은 노숙자들에게 음식을 나누는 사역을 할 때 한 쪽에 부스를 설치하고 줄을 서서 음식을 받아가게 하였고 준비된 테이블에 가서 먹게 했다고 한다. 하지만 이것은 그들을 충분히 한 공동체로 존중하지 않는 모습으로 여겨져 방식을 바꾸었다. 먼저 식탁에 음식을 차려 두고 봉사자들과 노숙자가 함께 앉아서 음식을 먹고 대화를 나눈다는 것이다. 섬기는 자와 섬김 받는 자가 구분되는 것이 아니라 함께 나누는 모습으로 나아가고 있음을 보여 주었다.

한편 미국의 메리너스교회는 수년 전부터 선교사를 파송하지 않는다고 한다. 선교가 의미 없다는 것이 아니라 선교 전략을 바꾸었기 때문이다. 그 교회는 더 이상 선교를 많이 알고 많이 가진 자신들이 부족한 누군가를 수혜자로 삼아 돕는 일이 아니라, 협력 관계로 보기로 했다. 그래서 외국에 선교사로 가는 것이 아니라 그 지역에 하나님이 사용하시는 사람들, 단체들과 협력해서 도움을 주고 받는다는 자세로 관계를 맺어 간다고 한다.

교회는 이제라도 모든 구제 사역의 '돕는 방법'을 점검하고 성경이 제시하는 지식에 기반한 자선의 시스템을 구축할 필요가 있다. 교회가 이런 고민과 배려의 노력을 확장해 나가는 것은 자칫 우리도 모르는 사이 인식의 끝에 깔려 있던 기존의 생각들을 수면 위로 올라오게 만든다. 그동안 사역의 대상, 도움이 필요한 사람들로만 자리했던 사람들을 그리스도 안에 형제자매로 끌어안고 다가가는 가치관의 전환을 이룰 수 있는 것이다. 올바른 자선의 방법은 내가 아닌 하나님이 드러나게 하는 것이다. 그들을 하나님의 형상으로 지어진 한 명의 존엄한 인간으로 여기고 은밀함으로, 존중과 사랑으로 섬기는 것이다.

자선은 결국 행동이다. 그러나 그 행동은 보이기 위함이 아닌 살리기 위한 일이어야 한다. 우리가 하는 일이 아무도 알아주지 않는 일일 수 있다. 그러나 그 자리에서부터 시작한 작은 나눔이 언젠가 어디선가 우리가 알지 못하는 놀라운 열매를 맺을 수도 있지 않겠는가. 비록 은밀하게 한 우리의 작은 행동이 전체 사회를 변화시키지 못할 수도 있지만, 이 작은 행동 하나하나가 모이면 하나님의 명령에 순종하는 공동체가 될 것이다. 지금 우리에게 필요한 것은 바로 하나님의 명령을 따라 하나님의 마음으로 살아갈 믿음의 결단이다. 십자가를 통해 우리에게 보여 주신 하나님의 사랑을 전달하는 그리스도인으로 사는 것이다.

나눔과 적용

1. 자선을 실천해 본 경험이 있나요? 그동안 내가 했던 자선의 접근방법은 어땠나요?

_____

2. 예수님이 자선을 은밀하게 하라고 하신 이유는 무엇일까요?

_____

3. 내가 자선을 하면서 가장 의식하고 있는 것은 무엇인가요?

_____

4. 자선을 하며 외식하는 자가 되지 않기 위해서 나는 어떤 점을 노력하고 주의해야 할까요?

_____

5. 교회나 다른 단체에서 하는 구제나 나눔 사역에 동참해 본 경험이 있나요? 나눔을 할 때 어떤 방식으로 했나요? 내가 상대의 입장이었다면 어떤 마음이 들었을 것 같나요?

_____

6. 우리의 돕는 방법에서 바뀌어야 할 부분이 있다면 무엇일까요? 인간의 존엄함을 지키는 방향으로 생각해 봅시다.

_____

7. 내가 만약 섬김을 받는 입장이라면 어떻게 해 주는 것이 좋을까요?

_____

8. 자선의 8단계를 놓고 볼 때 나는 어디에 속해 있나요? 높은 수준의 자선으로 가기 위해서 노력할 부분은 무엇일까요?

_____

돕는 자는 성숙하고,
받는 자는 회복하도록

이 땅의 모든 생명은 시절을 따라 열매를 맺는다. 이것은 하나님의 창조 원리이다. 그 열매를 통해 생육하고 번성하며 땅 위에 충만해져 간다. 예수님도 요한복음 15장에서 포도원의 비유를 통해 제자들에게 그리스도인의 삶에 맺히는 열매의 중요성을 말씀하셨다.

수고하고 눈물로 씨를 뿌린 자는 기쁨으로 곡식을 거둘 날이 온다. 그런데 사과 속의 씨는 몇 개인지 셀 수 있어도 씨 속의 사과 개수는 셀 수 없는 것처럼, 우리의 수고가 심겼을 때 열매가 얼마나 맺힐지는 알 수 없다. 그래서 기대하는 것이다. 우리의 나눔이 그분의 섭리 안에서 어떤 모습으로 얼마나 풍성히 피어날지를 말이다.

바람에 날린 민들레 홀씨는 어디론가 날아가 자리를 잡고 생명을 틔운다. 본회퍼는 하나님의 백성이 복음의 씨앗이 되어 온 땅 곳곳에 흩뿌려지는 것이 신앙의 모습이라고 이야기했다. 그렇게 뿌려져 홀로 외롭게 있는 것이 아니라, 그곳에서 또 다른 영혼들과 예수 그리스도 안에서 한 형제자매로 연합하는 삶을 살아가는 것이다. 기독교 자선의 열매는 이런 모습이다. 그저 멈춰 있는 것이 아니라 계속해서 새로운 일이 일어나야 한다. 세상의 자선과는 다른 열매가 나타나야 한다.

기독교 자선이 맺어야 할 가장 아름다운 열매는 무엇일까? 그것은 실천하는 사람에게도, 도움을 받는 대상자에게도, 사회와 국가에도 변화가 생기는 것이다. 나눔 그 자체만으로 만족하는 것이 아니라, 배밀이를 하던 아이가 어느새 걷고 뛰게 되는 기쁨을 보듯이 성도와 교회가 이런 삶의 성숙을 경험하는 것이 기독교 자선이 맺어야 할 열매다.

이번 장에서는 기독교 자선이 추구해야 할 열매란 어떤 것인지, 그리고 그 열매를 맺기 위해 우리에게 필요한 것은 무엇인지 생각해 보자.

그가 결핍에서
회복할 때까지 자선하라

예수님이 이 땅에 오신 것은 하나님의 뜻을 이루기 위해서다. 이것은 예수님이 제자들에게 가르쳐 주신 기도를 통해 아주 명확하게 드러난다.

> 나라가 임하시오며 뜻이 하늘에서 이루어진 것같이 땅에서
> 도 이루어지이다 마 6:10

기독교 자선은 하나님의 뜻이 하늘에서 이루어진 것같이 땅에서도 이루어지게 해 달라는 기도의 응답이다. 이것이야말로 세상의 일반 자선과 구분되는 열매이다. 신앙인이라면 누구나 하나님 나라에 대한 소망이 있지 않은가. 예수님이

공생애를 시작하며 가장 먼저 말씀하신 것이 바로 하나님 나라에 대한 것이다. 산상수훈에서도, 심지어 부활하신 후 제자들에게 나누신 메시지도 하나님 나라의 일이었다(행 1:3). 예수님은 우리 모두가 참된 하나님 나라가 무엇인지를 알고, 그것을 경험하길 바라셨다.

그러므로 기독교가 추구해야 하는 모든 열매는 이 땅에도 하나님 나라를 이루는 것이다. 우리가 살아가는 모든 삶의 현장에서 하나님의 사랑과 정의의 체다카가 실현되는 것을 경험하는 것이다. 그곳에서 진정한 하나님의 다스림이 무엇인지 모두가 알 수 있게 하는 것이다. 그러므로 도움을 전하는 이도, 도움을 받는 이도 모두 그리스도의 은혜의 수혜자인 것이다.

그렇다면 이제 우리의 고민은 '하나님 나라를 경험하기 위해 어떤 일들을 해야 하는가?'이다. 먼저 도움받는 사람들의 삶의 영역에서 실제적인 도움이 이루어져야 한다. 자선이란 행위는 누군가의 삶에 필요한 것들을 채우는 것이다. 그것이 아무리 좋은 도움이라고 할지라도 자선의 대상자에게 필요 없는 것이라고 한다면 그곳엔 열매가 맺히기 쉽지 않다. 따라서 주는 자의 입장이 아니라 받는 자의 입장에서 한 번 더 세심히 생각해 볼 필요가 있다.

예수님의 삶을 봐도 그렇다. 공생애를 살면서 많은 어려운 사람을 만나셨고 그때마다 그들의 삶에 정말로 필요한 것을 주셨다. 병든 자들을 만나면 그들의 질병을 고쳐 주셨고, 외로운 사람을 만나면 그들과 함께하시며 마음을 치유해 주셨다. 그것이야말로 하나님의 의가 이루어지는 것이다. 배고플 때 먹을 것을 주고, 목마를 때 마실 것을 주고, 나그네 되었을 때 영접하는 것, 그렇게 그들의 실제적인 필요를 공급하고 돌봐야 한다.

예수님이 바리새인과 서기관들을 책망하신 이유는 경건한 삶을 사는 것처럼 보이지만 경건의 참 열매가 없었기 때문이었다. 그것은 하나님의 정의와 믿음을 저버린 것이라고 말씀하신다. 그러기에 우리는 이 시대에 필요한 것이 무엇인지, 만나는 사람들의 요청이 무엇인지 민감하게 반응하고 귀 기울일 수 있어야 한다. 내 문제에 함몰되어 나만 바라보고 살아가는 것이 아니라 주변의 이웃을 향한 마음과 눈을 가지고 있어야 한다. 영적으로 무뎌져 무심코 넘기며 살아가서는 안 된다.

보지 못하고 듣지 못하는 것은 어쩌면 우리의 마음에 그만큼 여유가 사라지고 있기 때문인지도 모른다. 그리고 그만큼 타인에 대한 담도 높아졌다. 옛날 시골에는 싸리문으로 된 담장 낮은 집들이 많았다. 울타리라고 해 봤자 반쯤 안이 훤히 보이는 집들이었다. 밭에 일하러 나가면서 집집마다 대문을 활짝 열어 놔도 누구 하나 걱정하는 사람이 없었다. 오히려 일을 마치고 돌아오면 툇마루에 삶은 옥수수나 고구마

한 소쿠리 놓고 가는 따뜻한 이웃의 정을 발견하곤 했다. 요즘은 집집마다 안으로도 몇 번이나 닫아 걸어야 하는 현관문들이 그 자리를 대신하고 있다. 물론 옛날에 비해 치안이 좋지 않고, 상상조차 못했던 사건 사고가 판을 치는 시대가 되었기 때문일 것이다. 다만 이렇게 날마다 문 잠그는 일에 익숙해져서 그런지 마음에도 여러 개의 자물쇠를 채우고 살아가는 사람이 많다. 누군가 말하길, 마음 안에 훔쳐 갈 만한 보물이 적은 사람일수록 자물쇠가 견고하다고 한다. 그러나 꼭꼭 잠근 마음의 문을 열 때 주인 없는 툇마루에 정을 놓고 가듯 그 자리에 들어갈 것이 생긴다. 그 마음의 문을 여는 것이 바로 나눔을 통한 하나님의 은혜이다.

그런데 여기에서 한 가지 주의할 점이 있다. 자선의 대상이 원하는 것을 무조건 제공해서는 안 된다는 것이다. 삶이 어그러지고 깨져서 하나님의 공의와 상관없이 살아가는 사람들이 원하는 것은 그들의 삶을 회복시키는 데 도움이 되지 않는 것들도 많다. 예를 들어 알코올중독자들은 술 때문에 삶이 무너졌지만, 여전히 술을 원한다. 그들의 필요를 따라 도움을 준다는 것은, 그들의 삶의 현장에서 결여되어 있는 것이 무엇인지, 그들의 삶의 질을 개선하기 위해 꼭 필요한 것이 무엇인지를 찾아 제공해야 한다는 말이다. 그리고 그 필요란 물질적인 것을 넘어 문제를 해결하기 위한 모든 범위에서의 도움을 말한다. 필요가 채워졌을 때 그들의 삶이 회복되어 다시 하나님의 존귀한 자녀로서 인간의 존엄을 가지고 삶을 살아갈 수 있도록 도와야 한다.

앞서 마이모니데스의 자선의 8단계에서 최고 수준의 자선의 방식은 일자리를 제공하거나 무이자 대출을 해 주는 등 받는 이가 자립할 수 있도록 돕는 것이라고 제시했듯이, 실제적인 자선은 그가 사회의 건강한 일원으로 돌아와 스스로 자신의 부족한 부분을 채워갈 수 있도록 회복하는 과정을 돕는 것이다. 그 기반을 토대로 그 역시 또 다른 누군가를 위해 하나님의 사랑과 의를 나누는 자로 살아가는 것이 바로 기독교 자선이 맺어야 하는 열매의 구체적인 모습이다.

자선은 이벤트가 아니라
일상이다

자선이 일상이 되도록 하는 일은 무엇보다 중요하다. 예수님은 어떤 특별한 날을 정해서 사람들을 도우시지 않았다. 일상 가운데 만나는 이들의 필요에 민감하셨고, 관심을 가지셨으며, 그 요청에 늘 기쁨으로 응답하셨다. 이것은 자선이 특별한 일이라는 인식을 갖지 않도록 하셨다는 뜻이다. 예수님의 자선은 특별한 이벤트로써가 아니라, 그저 하루의 삶 가운데 자연스럽게 녹아 있었다. 이처럼 누군가를 돕는 일은 마치 매일 식사를 하듯, 숨을 쉬듯 우리의 삶에 들어와 있는 습관이 되어야 한다는 것이다. 하나님이 자선을 율법으로 정해 놓으신 이유 역시, 평범한 우리 일상의 일부가 되게 하라는 뜻이다.

한번 생각해 보자. 누구나 쉽게 참여할 수 있는 도움에는 무엇이 있을까. 혼자 사는 어르신의 말벗이 되어드릴 수도 있고, 매일 마시는 커피값을 모아 기부할 수도 있다. 최근에는 스마트폰 시대가 되면서 SNS나 다양한 앱을 통해 소비하며 기부하는 방식도 등장하고 있다. 여러 챌린지를 통해 다양한 형태의 나눔 활동이 이루어지기도 한다. 또한 경제적인 것만이 아니라 무엇이든 나눔의 대상이 될 수 있다. 지식, 기술, 경험, 시간 등도 얼마든지 나눌 수 있다. 작고 소소한 것일지라도 우리 곁에 도움이 필요한 이들을 향해 손을 내밀 때 나눔은 일상이 될 수 있다. 손 내밀고자 하는 그 마음이 있는 사람에게서 변화는 시작되고 희망도 싹트는 것이다.

그럼 어떻게 해야 날마다 이런 나눔을 실천해 갈 수 있을까? 그 해답은 예수 그리스도 안에 있다.

> 내 안에 거하라 나도 너희 안에 거하리라 가지가 포도나무에 붙어 있지 아니하면 스스로 열매를 맺을 수 없음 같이 너희도 내 안에 있지 아니하면 그러하리라 나는 포도나무요 너희는 가지라 그가 내 안에, 내가 그 안에 거하면 사람이 열매를

많이 맺나니 나를 떠나서는 너희가 아무 것도 할 수 없음이
라 요 15:4-5

이 말씀은 개인뿐 아니라 교회와 단체, 법과 제도, 문화와
가치관, 심지어 자연 환경과 온 우주가 어떤 상태로 존재해
야 하는지를 알게 한다. 가지가 포도나무에 잘 붙어 있는 것,
말씀이 내 안에 거하는 것은 우리 삶에서 가장 중요한 일이
자 가장 기본이 되어야 하는 것이다.

사실 나무와 가지는 서로 나눌 수 없는 존재이다. 가지가
나무에 붙어 있지 않으면 열매를 맺을 수 없다. 가지 혼자 아
무리 애쓰고 발버둥 쳐 봤자 소용없는 일이다. 이는 반대로
가지가 나무에 달려 있으면 저절로 열매를 맺게 된다는 뜻이
기도 하다. 내 힘이 아닌 하나님의 힘으로 말이다. 선행은 우
리에게서 나오는 것이 아니라 바로 그분에게서 흘러오는 것
이기 때문이다.

사람들은 누군가 곁에 있어도 외롭다는 말들을 한다. 그
것은 소통이 없기 때문이다. 하나님과의 소통이 없다면 영
혼은 메말라 갈 수밖에 없다. 열매가 없는 것은 주님을 떠났
기 때문이다. 그러므로 우리가 할 일은 주님 안에서 살아가
는 것이다. 그리고 그것이 가능하도록 우리에게 주신 계명이
있다.

내 계명은 곧 내가 너희를 사랑한 것 같이 너희도 서로 사랑하라 하는 이것이니라 요 15:12

열매는 무엇으로 맺히는가? 서로 사랑할 때 맺힌다. 예수님이 우리를 위하여 목숨을 버릴 만큼 사랑하여 주셨듯이 우리 역시 그러한 주님의 사랑을 실천하며 살아야 한다. 진정한 자선의 열매는 여기에서부터 시작되는 것이다. 그 사랑이 일상 가운데 나누어질 때 그분이 통치하는 하나님 나라가 이 땅 가운데 세워질 것이다. 그리스도인들이 살아 내야 하는 자선은 바로 이런 것이라고 믿는다. 나눔 그 자체로 머무는 것이 아니라 하나님의 사랑을 함께 경험하고, 삶의 희망을 갖는 것, 그것으로 이 사회가 그리스도의 은혜 가운데 한 걸음 더 진보를 이루어 가는 것이다.

보물은 귀하게 여기기 전까지는 그 진가를 모르는 법이다. 옛날엔 그것이 귀한 줄도 모르고 집안 어딘가에 그냥 굴러다니게 두던 도자기들이 흔하지 않았던가. 무엇이든 자신이 소중하게 여기는 것, 그것이 바로 귀한 보물이다. 우리가 몰랐던 자선의 삶이 얼마나 귀한 것인지를 깨닫게 되었을 때야말로 그 진가를 발견할 수 있을 것이다. 그렇게 될 때 하나님이 이 땅에 이루어 가시는 정의를 경험하는 기쁨을 누릴 수 있다. 내가 가진 것이 하나님 것이라는 겸손한 고백을 할 수 있게 되고, 가졌지만 여전히 부족하다고 여겼던 인간적 욕망과 상대적 빈곤감도 조금씩 내려놓게 된다. 이것이야말로 자선을 실천할 때 우리가 누리게 되는 은혜의 열매이다.

소금과 빛의 정체성을 회복하라

하나님 나라의 임재는 우리를 그리스도인답게 만든다. 본래 가졌던 그 정체성을 다시 회복하도록 이끈다. 이것이 기독교 자선의 또 하나의 열매라고 할 수 있다.

기독교는 그동안 각 교회마다 노인과 장애인, 노숙자 및 도시 빈민을 위한 사역 등 다양한 활동을 열심히 해 왔다. 그런데 기독교에 대한 평가는 오히려 더 비판적이며, 종교로서의 위상을 상실하고 있다. 2020년 2월 기독교윤리실천운동에서 일반 국민 천 명을 대상으로 실시한 '한국 교회의 사회적 신뢰도 여론조사' 결과에 따르면 응답자 63.9퍼센트는 한국 교회를 '전혀 신뢰하지 않는다'고 답했다. 종교별 신뢰도는 30퍼센트로 가톨릭이 가장 높았고, 그다음으로는 불교가 26.2퍼센트, 기독교는 18.9퍼센트로 꼴찌를 차지했다. 게다가 코로나 시기에는 신뢰도가 더욱 떨어졌다. 2021년 1월 목회데이터 연구소가 발표한 '코로나19 정부 방역 조치에 대한 일반 국민평가 조사' 결과에 따르면 한국 교회에 대한 긍정적인 응답은 21퍼센트인 반면 부정적 비율은 76퍼센트로 조사됐다. 코로나 팬데믹 속에서 한국 교회는 큰 타격을 입었다. 심각한 외상을 입었고 이미지도 더 나빠졌다. 이런 평가 속에서 우리 그리스도인들은 어떻게 해야 할까? 답은 가장 근본적인 것에서 찾아야 한다. 바로 우리의 본질적인 모습, 바른 정체성을 회복해야 하는 것이다.

어떠한 시대를 살아가든 하나님이 우리에게 부여하신 본질적인 정체성이 있다. 그것은 바로 세상의 소금과 빛이다.

> 너희는 세상의 소금이니 소금이 만일 그 맛을 잃으면 무엇으로 짜게 하리요 후에는 아무 쓸 데 없어 다만 밖에 버려져 사람에게 밟힐 뿐이니라 너희는 세상의 빛이라 산 위에 있는 동네가 숨겨지지 못할 것이요 사람이 등불을 켜서 말 아래에 두지 아니하고 등경 위에 두나니 이러므로 집 안 모든 사람에게 비치느니라 이같이 너희 빛이 사람 앞에 비치게 하여 그들로 너희 착한 행실을 보고 하늘에 계신 너희 아버지께 영광을 돌리게 하라 마 5:13-16

왜 하필 주님은 우리를 소금과 빛에 비유하셨을까? 예로부터 소금과 빛은 가정의 필수품이다. 아무리 가난한 집에서도 소금과 빛은 있었다. 소금은 부자들만 구입할 수 있는 고급 향신료가 아니다. 어디서나 쉽게, 싼값에 구할 수 있으면서 맛을 내는 재료다. 특히 소금은 재료가 썩지 않도록 보관하기 위한 방부제 역할을 했다. 그런데 이러한 소금도 맛을 잃으면 아무런 쓸모가 없다. 가장 요긴하게 사용되어야 할 소금이 가장 불필요하고 무가치한 존재로 길바닥에 버려질 수 있는 것이다.

소금은 인간의 몸에 있어서도 반드시 필요한 요소다. 몸에 필요한 하루 최저 소금 섭취량은 10-15g 정도라고 한다. 만일 이것이 공급되지 않으면 노폐물이 빠져나가지 못해 병이 생기고 생명까지 위태로워질 수 있다. 이처럼 소금이라 불리는 그리스도인은 자신을 드러내지 않으면서도 사회에 생명력을 제공하는, 없어서는 안 될 존재감을 드러내야 한다. 그러나 이러한 소금의 역할을 제대로 감당하지 못할 때는 버려져 밟힐 뿐이라고 주님은 엄히 경고하신다. 혹여 이 시대의 그리스도인들이 그 맛을 잃어 세상 사람들에게 밟히고 있지는 않은가. 이제라도 소금이 가져야 할 제맛을 회복해야 한다.

또한 주님은 우리가 세상의 빛이라고 하신다. 빛은 어두움을 몰아낸다. 아무리 칠흑 같은 어두움이라 해도 작은 초 한 자루만 있으면 어둠은 사라지게 되어 있다. 그런데 이러한 빛을 말 아래 두지 말라고 하신다. 말은 한 되의 열 배 정도 되는 크기로 곡식이나 가루의 양을 잴 때 쓰는 그릇이다. 그 그릇에 불을 놓고 덮어 버리지 말라는 뜻이다. 아무리 성능이 좋은 조명이나 등도 덮어 버리면 제 역할을 할 수 없다.

그러니 이 말씀은 그리스도인은 빛으로서 있어야 할 자리에, 제 역할을 할 수 있는 곳에 있어야 한다는 것이다. 그만큼 주님은 우리가 이 사회에서 꼭 필요한 존재가 되길 바라신다.

그리스도인, 크리스천이라는 이름은 안디옥이라는 곳에서 처음 불리게 되었다(행 11:26). 예수를 믿고 따르는 무리들이라는 뜻이다. 안디옥 교회는 역사적으로 볼 때 좋은 환경에서 전략적으로 세워진 교회가 아니었다. 오히려 초대 교회의 위기 가운데 세워졌다. 사도행전에 보면 핍박을 받고 흩어진 사람들이 복음을 전하다가 세운 교회가 바로 안디옥 교회이다. 그런데 세상 사람들이 이 교회에 있는 착한 바나바와 그 무리들을 보면서 그리스도를 닮은 사람들이라고 부른 것이다.

당시 이 교회의 성도들은 노예의 신분을 가진 사람들, 경제력을 가지지 못한 여성들이 대부분이었다. 로마의 시민권을 가진 기득권자들이 아니라 여러 이유로 어려움을 가진 이들이 모였다. 고단하고 힘든 인생들이었다. 그런데 예루살렘에 크게 흉년이 들었다는 소식을 듣고, 그 가난했던 공동체는 각각 자신의 형편껏 힘닿는 대로 유대에 사는 형제들에게 부조를 보내기로 작정했다(행 11:29). 예루살렘에 있는 교회는 베드로가 이끌던 초대 교회의 본부가 된 모교회였다. 그런데 이제 막 개척한 안디옥 교회가 오히려 그들을 돕기로 작정한 것이다. 놀라운 것은 이후 초대 교회의 중심이 예루살렘에서 안디옥으로 옮겨졌다는 사실이다. 우리가 분명히 알아야 할 영적 원리는, 하나님이 큰 교회를 사용하신 것이 아니라 착한 사람들, 돕고자 작정한 사람들을 사용하셨다는 사실이다.

우리는 왜 나눔의 사명을 감당해야 하는 것일까? 그것이 바로 그리스도인의 정체성이기 때문이다. 그것이 바로 우리를 부르신 이유이기 때문이다. 그리스도인은 다른 사람이 할 수 없는 일을 하는 사람이다. 여유가 있어서 돕는 사람들이 아니라, 하나님이 원하시기 때문에 나누며 살 수 있는 사람들이다. 자선은 진정한 그리스도인, 바로 하나님의 마음을 가지고 있는 이 '착한 사람들'이 하는 것이다. 참된 그리스도인은 하나님이 주시는 마음 때문에 '거룩한 부담'을 안고 사는 사람들이다. 이웃의 고통과 슬픔을 보아도 무감각한 사람은 그리스도인이 아니라는 사실을 알아야 한다.

초대 교회 당시 기독교인들에게는 '그리스도인'이라는 명칭 이외에 또 다른 별명이 있었는데, '던지는 자'(무릅쓰는 자)였다. 전염병이 퍼졌을 때 몸을 사리지 않고 희생적인 봉사를 했던 기독교인들의 모습을 보고 사람들이 '자기 목숨을 던지는 자'라고 불렀던 것이다. 1세기 무렵 퍼진 전염병은 매일 1만 명 이상의 사망자를 기록했고, 2세기 안토니우스 역병은 로마제국 전체 인구의 약 30퍼센트를 감소시켰다. 이후 3세기 키프리아누스 역병은 피해가 더욱 컸다. 이처럼 거의 3세기에 걸쳐 일어난 역병으로 인해 이교도들은 주변의 아픈 자들을 내쫓았고, 자신들은 산으로 피해 도망갔다. 하지만 기독교인들은 이웃의 환자들을 돌보고 봉사에 헌신적이었다. 혹시 병이 옮아 죽게 되더라도 순교하는 마음으로 받아들이는 모습은 사람들의 마음을 감동시켰다. 역병이 끝날 즈음에는 개종자가 증가해 교회가 부흥했다.

살면서 누군가에게 유익이 되고 필요한 존재가 된다는 것은 얼마나 귀한 일인가? 나로 인해 누군가 힘을 얻고 다시 일어날 소망을 갖는다면 그보다 값진 일이 또 어디 있겠는가? 우리는 주변에 빛을 밝히는 삶이어야 한다. 주변에 썩어 가는 것을 막고 맛을 잃은 곳에 참된 맛을 느끼게 해 주는 인생이어야 한다. 그래서 세상의 소금이며 빛이 되어야 한다.

그리스도인은
나누는 사람이다

빈부의 문제를 해결하기 위해 어떤 나라는 자유시장 경제체제를, 또 어느 곳에서는 사회주의 경제체제를 따른다. 그러나 이런 것은 모두 한계가 있다는 것이 근현대사를 통해 드러나고 있다. 왜냐하면 인간은 죄성이 있기에 체제 자체로는 빈부의 문제를 해결할 수 없다. 그런데 성경은 이 문제를 하나님의 백성들이 감당해야 한다고 말한다.

사랑을 흘려보내는 것은 우리의 책임이다. 이것은 개인을 넘어 우리 민족에게 주시는 말씀으로도 들어야 한다. 우리나라에는 '국가브랜드 위원회'가 있다. 현재 우리나라의 GDP 규모가 세계에서 13위 정도이다. 하지만 국가 브랜드 순위는 29위에 머물고 있다. 가진 것에 비해 품격이 떨어진다는 것이다. 그 가치를 높이기 위해서는 해외 원조의 수준을 높여야 한다. 우리나라가 지난날 지원을 받던 나라에서 지원을 하는 나라로 발전할 수 있도록 축복을 받았음에도 불구하고, 같은 OECD국가들에 비해 국가 브랜드 순위는 매우 낮다. 이제 나와 우리를 넘어 국가와 세계로 나눔의 확장이 이루어져야 한다.

그리스도인들에게는 적어도 비신자와는 비교할 수 없는 품격이 있어야 한다. 리더십 전문가이자 성공학 강사인 존 맥스웰(John C. Maxwell) 목사는 많은 사람이 지식을 가지고 잠시 성공하고, 몇몇 사람이 행동을 가지고 조금 더 오래 성공하고, 소수의 사람이 인격을 가지고 영원히 성공한다고 말한다. 그리스도인의 인격은 곧 사랑이다. 비그리스도인들이 기독교에 호감을 갖게 되는 결정적 요인이 '나눔'이라고 한다. 그리스도인의 정체성은 바로 나누며 사는 사람이다. 가만히 있어도 천 리까지 향기가 난다는 천리향처럼, 우리는 수많은 말보다 그리스도의 향기를 가진 사람들이 되어야 한다.

우리는 그가 만드신 바라 그리스도 예수 안에서 선한 일을

위하여 지으심을 받은 자니… 엡 2:10

그리스도를 닮은 사람들이라 불린 그 시작에는 나눔을 실천하는 착한 사람들이 있었다. 우리는 선한 일을 위해 지으심을 받은 자들이다. 하나님이 우리의 아픔을 외면하지 않으셨던 것처럼 우리 역시 고통받는 자들의 아픔을 외면해서는 안 된다. 자비하심이 하나님의 속성이며 우리가 하나님의 성품을 닮기를 원하시기 때문이다. 즉 나눔은 우리가 누구에게 속하였는지를 가장 명확하게 드러내는 영역이다.

하나님이 우리에게 요구하시는 '진정한 예배' '진정한 그리스도인의 정체성'은 종교 활동이 아니라 선한 일을 행하는 것이다. 도움이 필요한 이들을 위해 기꺼이 내 삶의 일부를 흘려보내는 것이다. 히브리서에서도 하나님은 이같은 제사를 기뻐하신다고 했다. 이 모든 것은 세상의 자랑이 아니라 하나님의 영광을 위한 것이다. 이것이 우리 성도들의 삶의 목적이다.

사도 바울은 우리에게 먹든지 마시든지 무엇을 하든지 다 주의 영광을 위해 하라고 말했다. 우리가 어디서 어떤 모습으로 살아가든지 그 삶의 목적만큼은 잊지 말라는 것이다. 하나님의 영광이란 그분의 위대하심과 헤아릴 수 없는 자비와 사랑, 정의와 용서 같은 성품들이 우리의 공간과 역사 속에 드러나게 되는 것을 의미한다.

하나님은 유명인이나 대단한 업적을 남긴 사람들을 통해서만 영광을 받으시는 분이 아니다. 나를 통해서도 영광을 받고 싶어 하신다. 그리 대단할 것도, 알려진 것도 없을지라도 자신의 삶에서 성실하고 겸손하게 최선을 다해 하나님의 영광을 위해 살아갔던 사람들이 훨씬 더 많다. 지금도 이름 없는 수많은 무명의 사람들이 하나님의 영광을 위해 살아가고 있다. 중요한 것은 내가 하나님의 영광을 위해 살기로 작정했는가, 그렇게 살고 있는가 하는 것이다. 따분하고 특별할 것 하나 없어 보이는 그 하루하루의 일상에서도 하나님은 우리의 영광을 받으시겠다는 것이다.

성도와 교회를 성숙으로 이끄는 자선을 하라

자선의 아름다운 열매 중 하나는 성숙이다. 에베소서 3장에는 모든 성도가 그리스도의 사랑을 알고 그 넓이와 길이와 높이와 깊이가 어떠한지를 깨닫기를 바란다고 말씀하고 있다. 자선은 교회와 성도가 그 사랑을 깨닫고 이웃 사랑을 실천함으로 성숙의 길로 나아갈 수 있도록 돕는다.

우리는 사랑으로 부름을 받았다. 우리가 사랑할 수 있는 근거는 하나님과 우리가 연합되어 있기 때문이다. 성도들은 교회 안에만 있어서는 안 된다. 세상에서 일어나는 다양한 문제를 위해 고민하고 기도해야 한다. 그리고 교회는 그런 성도들을 격려해야 한다. 그것이야말로 교회와 성도가 넓은 하나님의 사랑에 다가가는 중요한 길이다. 소금인 성도들은 소금통인 교회를 벗어나 얼마든지 사회 안으로 들어가야 한다. 무엇보다 교회 혼자서 사회의 고통을 다 해결할 수 없다는 사실을 인지하고 고민해야 한다. 그래서 다른 교회나 기업, NGO 등과 함께하며 협력의 원리를 겸손히 배워야 한다. 이것이 성숙한 자선으로 가는 길이다.

그러면서도 교회는 교회의 역할을 다해야 한다. 함께하는 이들에게 어떻게 영혼을 불어넣을 것인가를 고민해야 한다. 이들 각자에게 역사하시는 하나님의 말씀을 깨달을 수 있도록 돕는 것이 바로 교회가 해야 할 일이다.

무엇보다 우리가 해야 할 사랑은 지속적인 사랑이어야 한다. 끝까지 포기하지 않는 사랑이다. 우리가 절망으로 바다 끝에 거해도 그곳에서 함께해 주시는 하나님을 만날 때 위로와 감격의 눈물을 흘리게 되는 것처럼, 문제를 해결하기까지 그들을 위해 지속적인 헌신을 하는 것이 성숙이다. 그러한 섬김이 사람들의 마음을 감동시키고 움직일 수 있다. 이것은 끝까지 우리의 손을 놓지 않으시는 하나님에게서 배운 사랑이다.

한 사람을 세워 가는 일은 쉽지 않다. 《광야를 걷다》의 저자 김범석 목사는 2003년부터 교회에서 가난한 이웃들에게

소액의 창업 자금을 대출해 주는 사업 '밑천나눔뱅크'를 시작했다. 그는 도움이 필요한 이들에게 단지 빵을 주는 것이 아니라 빵을 만들 수 있는 기회를 주고 싶어서 이 사업을 시작했다고 한다. 그런데 교인들 중에는 이 사업에 반대하는 사람들도 있었다. 돈을 빌려주면 망하거나 도망갈 거라고 말이다. 그는 가난한 사람을 부정적으로 보는 시각을 바꾸고 싶어 자신의 돈까지 더해 대출금을 마련했다. 그런데 실제로 돈을 빌리자마자 야반도주하는 이들이 생겼고, 이 과정에서 회의를 느꼈다. 그러다가 그는 실패의 원인을 알아냈다. 그들은 오랜 가난 탓에 어떻게 돈을 모으고 왜 벌어야 하는지, 기본적인 경제 개념을 잊고 있었던 것이다. 그는 그들을 포기하지 않았고 다시 시작했다. 그들이 한 인간으로서 스스로 일어설 수 있는 방법을 연구하고 돕기 시작했다. 교인들과 함께 장소를 찾고 인테리어를 하며 사업을 시작했다. 그는 사랑은 기다려 주는 것, 실패할지라도 계속해서 새로운 기회를 주는 것이라고 말했다. 그것이 바로 희년 정신이라고 말이다.* 하나님 나라는 그렇게 기다리며, 다시 일어나며, 함께 이루어 가는 것이다.

사랑도 배움과 교육이 필요하다. 유대인들의 전통 중에는 '가치관 유서'라는 것이 있다. 재산과 관련된 유언 외에 부모

---

* 김범석 저, 《광야를 걷다》, (두란노, 2014).

의 가치관과 철학을 상속하는 유서이다.* 이것은 한국 교회가 적극적으로 배워야 할 부분이다. 우리는 자녀들에게 어떤 신앙과 철학을 전할 수 있을까? 자신이 하지 않은 것을 하라고 할 수는 없지 않겠는가? 이러한 사랑에 대한 지식과 전통은 더욱 성숙하고 확장되어야 한다.

성숙한 아름다움은 사랑을 실천하는 조직 자체에서도 드러나야 한다. '깐깐하게 굴지 말고 은혜롭게 진행하자'는 식의 적당주의는 사라져야 한다. 교회야말로 더욱 투명하고, 더욱 깨끗하고, 더욱 정당해야 하니까 말이다. 이렇게 교회 안의 성숙한 인식은 교회를 더욱 튼튼하게 만든다. 바람이 불면 쓰러지고 마는 모래 위에 세운 집이 아닌, 세월의 풍파를 끄떡없이 견뎌 낼 반석 위에 세운 집이 된다.

교회는 이 세상을 포기해서는 안 된다. 생육하고 번성하고 다스려야 한다. 끝까지 이 사회의 문제를 해결하고자 하는 강한 의지를 가져야 한다. 이것이 바로 교회의 책임감이다. 거기에는 한 영혼을 포기하지 않으시는 하나님의 사랑이 담겨 있기 때문이다.

남미의 복음주의 지도자 루이스 팔라우(Luis Palau)는 교회는 거름과 같다고 말했다. 모여 있으면 냄새가 나지만 세상으로

◇◇◇◇◇◇◇◇◇◇◇◇◇◇

** 조셉 델루슈킨 저, 김무겸 역, 《죽기 전에 한 번은 유대인을 만나라》, (북스넛, 2012) pp. 407-411.

나아갈 때 퇴비가 되어 꽃을 피우고, 열매를 맺게 할 수 있다는 뜻이다. 우리는 주인공이 되고 싶어 한다. 피어나는 꽃이 길 바라지 땅 속에 묻히는 거름이 되고 싶어 하지 않는다. 그러나 그리스도인이라면 기꺼이 누군가의 꽃을 피워 줄 거름이 되겠다는 다짐이 있어야 한다.

소금은 뭉쳐 있으면 안 된다. 필요한 곳에 골고루 흩어져 녹을 때 제 역할을 발휘할 수 있다. 등불 역시 말 아래에 있으면 안 된다. 어둠을 밝혀야 하는데 늘 교회에 와 있느라 제 역할을 못했다면 우리는 하나님 앞에서 할 말이 없다. 그리스도인의 정체성은 교회 안에서만 드러나는 것이 아니라 오히려 우리가 있는 현장 속에서 소금과 빛의 역할을 감당할 때 증명된다.

코로나가 한창이던 2020년 어느 날, 한 목사님의 기도문이 인터넷에 화제가 된 적이 있다. 그는 하루아침에 예배당에 교인들이 없어질 수 있음을 새삼 깨닫고, 우리가 교회보다 교회 밖에서 더 빛나는 그리스도인이 되도록 다시 노력할 수 있게 해 달라고 기도했다. 우리의 관심이 교인 수나 교회의 크기에 있지 않게 해 달라고, 우리의 참된 자랑이 무엇인가를 생각하게 해 달라고 말이다. 우리의 기도가 남들과의 경쟁에서 이기게 해 달라는 것이 아니라 오직 예수그리스도만이 우리의 자랑이 되게 해 달라고, 그래서 교회가 새로움을 입고 함께 천국을 향해 나아갈 수 있게 해 달라고 기도했다.

기독교 자선을 통해 성숙한 그리스도인으로서 소금과 빛의 정체성을 회복하길 바란다. 한국 교회가 다시 본질을 향해 나아갈 수 있는 기회가 되길 바란다. 그것이 바로 기독교 자선이 우리에게 주는 축복이며 우리가 맺어 가야 할 귀한 열매이다.

**나눔과
적용**

1. 모든 생명은 열매를 맺습니다. 자선을 통해 내 삶에서 맺어
가야 할 열매는 무일까요?

_____

2. 자선을 하면서 내 신앙과 삶에서 성숙한 부분이 있나요?

_____

3. 자선은 특별한 이벤트가 아니라 일상에서 이루어져야 합니
다. 일상에서 내가 할 수 있는 작은 나눔의 실천은 무엇이 있
을까요? 또는 재정, 시간, 지식, 기술, 경험, 시간, 달란트 등
내가 가진 영역에서 무엇으로 이웃의 필요를 채워 줄 수 있
을까요?

_____

4. 요즘은 스마트폰을 이용한 SNS, 애플리케이션 등을 이용
한 새로운 방식의 기부 문화가 만들어지고 있습니다. 이런
방식의 자선에 참여해 본 경험이 있나요?

_____

5. 자선의 열매를 맺기 위해서는 포도나무인 예수님에게 붙어 있어야 합니다. 가지로서 내가 나무에 붙어 있는 방식은 무엇인가요?

_____

6. 자선의 열매는 하나님 나라가 임하는 것입니다. 하나님 나라가 임했을 때 어떤 현상이 일어날 수 있을까요?

_____

7. 그리스도인의 정체성이란 무엇이며, 이것을 회복하기 위해 지금 나에게 필요한 것은 무엇인가요?

_____

8. 나의 가치관 유서를 작성해 봅시다.

_____

온 세상 사람이
주를 보도록

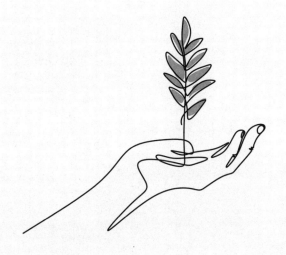

우리는 인생을 살면서 대략 천 명 정도의 사람들과 관계를 맺으며 살아간다고 한다. 그 사람들과 우리는 알게 모르게 영향을 주고 또 받으며 살아간다. 누군가의 말 한마디에, 오늘 읽은 책 한 권에, 우연히 만난 한 사람에 의해 내 마음이 움직이고 삶을 돌아보기도 한다.

영향력이란 누군가의 삶을 변화시키는 것이다. 예수님이야말로 전 세계 수많은 사람의 삶을 변화시켜 왔다. 그리스도인들은 날마다 성경을 묵상하며 예수님의 삶을 따르기를 다짐한다. 그렇다면 우리는 지금껏 누구에게 어떤 영향을 주면서 살아왔을까?

누군가의 삶을
변화시키고 있는가

김형석 교수의 《기독교, 아직 희망이 있는가》에 소개된 이야기이다. 70년대 우리나라 신학대학에서 학생들을 가르쳤던 미국인 박대인 선교사(Edward W. Poitras)가 동남아시아에서 열린 외국인 선교사들의 회의에 참석했을 때의 일이다. 그 모임에서 한 일본인 선교사를 만났는데, 일본이 선교사를 외국에 파송하는 것은 드문 일이었기에 어떻게 선교사로 오게 되었는지를 물었다.

그는 태평양전쟁 말기 미군의 폭격이 심해지고 있을 무렵에, 정부의 지시에 따라 병사들의 피해를 줄이는 작업을 하기 위해 어느 농촌으로 가게 되었다. 그곳에서 아는 이 하나 없이 외로운 생활을 하고 있을 때 자신을 진심으로 도와주고 친절을 베풀어 준 한 사람이 있었다. 전쟁이 끝난 후 집으로 돌아가게 되어 작별인사를 하러 갔는데, 그때야 그 농부는 자신이 조선에서 왔으며 그리스도를 믿는 사람이라는 것을 알려 주었다. 그 뒤 일본 선교사는 도쿄로 돌아와 그 조선 사람이 보여 준 정성과 사랑의 기억이 떠오를 때마다 기회가 생기면 교회에 나가겠다는 생각을 했다. 그리고 얼마 후 그는 그리스도인이 되었고 목회자까지 되어 동남아시아 지역의 수많은 사람을 섬기는 선교사역을 하게 되었다는 이야기였다.*

이 일본 선교사에게 영향을 준 사람은 정치인도, 학자도, 돈 많은 기업인도 아니었다. 그저 어느 시골에 사는 한 농부였다. 한 사람의 작은 섬김이 한 영혼을 살리고, 그 사람이 또 수많은 누군가를 살리고 있다. 이것이 바로 그리스도인들이 해야 할 일이다.

우리가 주고받는 영향력에는 악영향도 있고 선한 영향력도 있다. 이왕이면 누군가에게 희망이 되고 삶을 바꿀만한 좋은 영향력을 주는 사람이 되어야 하지 않겠는가. 수해 소

---

* 김형석 저, 《기독교, 아직 희망이 있는가?》, (두란노, 2020).

식에 동네 작은 교회가 제일 먼저 달려가 복구를 돕고, 추운 영하의 날씨에도 거리에 있는 노숙인들을 위해 새벽부터 나와 밥을 짓는 봉사자들의 미소를 본 누군가는 자신도 힘을 보태고자 나서게 된다. 우리의 모습이 얼마나 많은 사람을 달라지게 할지 모를 일이다.

매일 뉴스에는 사는 게 힘들다는 답답한 소식들이 쏟아져 나온다. 그러다 코로나로 모두 힘든 시기에 어느 한 가게 사장이 어려운 형편의 사람에게 무료로 음식을 나누어 주었다는 기사가 떴다. 그러자 사람들이 '돈쭐'(돈으로 혼쭐이 난다는 의미의 신조어, 귀감이 되는 가게의 물건을 사 주겠다는 역설적 표현)을 내준다며 전국 각지에서 연락을 했다고 한다. 이런 기사 하나에 잠시나마 각박한 세상 속에 훈훈한 정을 느낀다. 아무리 살기 힘든 세상이라고 해도 나눔은 이렇게 우리의 숨통을 트이게 한다. 더불어 살아가는 가치를 돌아보게 한다.

기독교 자선의 열매를 크게 두 가지로 나누어 볼 때, 하나를 성도의 성숙과 정체성의 회복이라고 한다면, 또 하나는 사회적 영향력이라고 할 수 있다. 이 둘은 하나로 연결되어 있다. 말하자면 사회적 영향력은 우리 사회의 문제와 고통, 결핍을 해결하는 것과 관련이 있다. 고통이 있는 곳에는 하나님의 임재가 필요하다. 성도들이 그 자리에 그리스도와 함께 겸손히 나아가면 그 속에서 하나님의 아름다운 성품을 배우게 된다. 그 과정에서 그리스도를 닮아 가게 되는데, 이것이 곧 성도의 성숙이다.

기독교 2천 년 역사는 이 땅의 고통과 어려움을 해결하고자 하는 수많은 그리스도인의 피와 땀으로 만들어졌다. 하나님의 말씀 속에는 사회를 변화시키는 전략이 있다. 이것이 곧 우리가 추구해야 할 기독교 자선의 열매이자 사회적 영향력이다. 한국 기독교는 지난날의 역사처럼 이 사회에 좋은 영향력을 끼치고 다시 열매를 맺어갈 수 있을지 고민해 봐야 한다. 그리스도인들이 해야 할 일은 세상 곳곳에 좋은 소식을 전하는 것이다.

나눔만으로는
충분하지 않다

故장기려 박사가 1960년대 가난한 환자들을 위해 만든 최초의 민간의료보험 '청십자의료보험'은 현재 국민건강보험의 토대가 되었다. 의술인이자 사랑을 실천하는 그리스도인으로서 그의 사랑은 친절과 선의에서 멈추지 않고 기독교 정신을 사회 속에서 제도화했다.[*]

이것은 기독교 자선이 해야 할 일에 큰 도전을 준다. 기독

---

[*] 이상규, "장기려 박사의 신앙과 사상", 〈고신신학〉 No. 5, (고신대학교 고신신학연구회, 2003) pp. 65-91.

교 자선은 나눔만으로 충분하지 않다. 인간에게 고통과 슬픔을 주는 문제를 해결하기 위해 우리는 어떻게든 효과적인 해결책을 찾고자 노력해야 한다. 자선에 대한 접근법은 사회 전반에 영향을 줄 수 있는 방향으로 구현되어야 한다. 그러기 위해서는 문제의 원인이 무엇인지 발견해야 한다. 그리고 그것을 현실에 적용할 수 있는 노력이 필요하다. 어떻게 하면 가난한 이들에게 좀 더 의료 혜택을 줄 수 있을까를 고민했던 마음이 의료보험을 만들어 냈던 것처럼 우리의 일상에서 활용되고 사회에 영향을 미치도록 사업화까지 이끌어 내야 한다. 그래야 세상 사람들이 관심을 갖게 될 것이다. 그래야 자원을 이끌어 낼 힘이 만들어진다.

그렇다면 기독교 자선은 어디까지 실현해야 할까? 우리는 때때로 어디까지 도와야 하는지 고민한다. 결식아동에게 도시락만 지원할 것인지, 아니면 이 아동의 꿈과 미래까지 바라보고 지원할 것인지에 대한 것이다. 이 일을 위해서는 한국 교회 차원의 싱크탱크(Think Tank, 여러 영역의 전문가를 조직적으로 모아서 조사, 분석 및 연구 개발하고 그 성과를 제공하는 조직) 구축이 필요하다고 여겨진다. 중요한 것은 그들 역시 나와 같은 하나님의 자녀임을 기억하는 것이다. 그들은 또 다른 나의 모습이다. 하나님의 사랑을 받는 존엄한 존재로서 마주할 때 관점의 성숙이 시작된다.

그동안 많은 비영리단체는 겉으로 드러난 증상만을 문제

로 보고, 그것을 해결하기 위한 여러 사업을 펼쳐 왔다. 예를 들어 어떤 자선단체에서 방과 후 방임되는 아이들을 돕기 위해 저녁 늦은 시간까지 운영되는 돌봄 프로그램을 기획했다고 했을 때, 방임이 증상이고 이 증상을 해결하기 위해 저녁 돌봄 프로그램을 만든 것이다. 그렇다고 이 프로그램을 실시한 자체가 잘못된 것은 아니다. 아이들에게는 돌봄의 장소가 필요하며 부모와 지역 사회에도 큰 힘이 될 것이다. 그러나 돌봄 프로그램만으로는 방임의 원인이 해결되지는 않는다. 그 문제의 뿌리를 찾다 보면 아이들이 아니라 늦은 시간까지 일을 할 수밖에 없는 부모와 그들이 처한 상황, 또는 구조와 제도, 문화에까지 깊이 들어가게 된다. 그런데 그동안 우리의 자선이 이런 부분을 어떻게 해결할지에 대한 고민 없이 그저 겉으로 드러난 증상을 해결하는 데만 몰두하지는 않았는지 점검해 볼 필요가 있다. 왜냐하면 이제는 기독교 자선이 표면적인 수준을 넘어 좀 더 깊이 있는 발걸음으로 사회를 향해 나아가야 하기 때문이다.

어떤 교회는 성경이 말하는 자선을 교육하는 데는 노력을 기울였지만, 열매로 이어지게 하는 고민은 상대적으로 적었을 수 있다. 또 어떤 교회는 자선을 기부와 봉사로만 생각하고 사회제도나 문화를 바꾸는 일에는 관심이 없었을 수도 있다. 이제는 한국 교회에 기독교 자선 관한 관점과 인식 자체를 바꾸는 노력이 시작되어야 할 것이다.

희망을 바랄 수 없는 사람에게 희망을 줄 수 있는 것, 꿈꿀 수 없었던 이들에게 꿈을 심어 주는 것. 이것이 바로 자선을 통해 교회가 해야 할 일이다. 그것은 우리에게 좁은 틀에서 벗어나 좀 더 넓은 시각으로 하나님의 뜻을 바라보라는 요청이다. 우리는 하나님의 능력을 제한하지만, 하나님은 틀이 없으신 분이다.

교회는 자선을
교육해야 한다

자선을 실천하는 데 있어 교회는 가장 중요한 주체이다. 성도와 각 가정이 나눔의 일상을 잘 실천해 갈 수 있도록 끊임없이 도전을 불러일으켜야 한다. 무엇보다 교회는 하나님 나라와 선교의 관점에서 사회적 책임과 역할을 제시할 수 있어야 한다. 그러기 위해 교회 안에 자선에 관한 교육 담당 부서를 마련한다면 더욱 도움이 될 것이다. 교회가 가르칠 것은 '돕는 방법'을 점검하도록 하는 것이다. 교회 내 도움이 필요한 성도들을 찾는 법, 어떤 도움이 필요한지 확인하는 법, 도움을 주는 방법 등을 교육해야 한다. 특별히 이 과정을 진행하는 담당자들이 무례하지 않도록, 성경의 원칙을 따라 하도록 가르쳐야 한다.

교회마다 장애인 사역이나 노숙인 사역 등 어느 특정한

분야에 헌신하고 있는 경우가 많다. 물론 이러한 섬김도 좋다. 다만 보다 폭넓은 헌신이 필요하다. 비영리단체는 각 분야의 의도적인 조직이라면 교회는 누구든 품을 수 있는 예배 공동체이기 때문이다. 또한 교회 안과 밖에서 자선의 균형이 필요하다. 우리가 섬겨야 할 대상은 교회든 밖이든 어디에나 존재하기 때문이다. 특히 교회 성도를 도울 때는 그들의 익명성을 보장하며 매우 조심스럽게 다가가야 한다. 앞서 설명했던 은밀함의 깊은 뜻과 하나님의 형상으로 대하는 자세는 아무리 강조해도 지나침이 없다.

우리가 살고 있는 지역에 대해서 교회는 얼마나 알고 있는가? 집값이 얼마나 떨어지고 올라갔는지에는 관심이 있어도, 이 동네에 어떤 사람들이 살고 있는지에는 그리 관심이 없었을지 모른다. 교회가 헌신할 사업을 선택하기 위해서는 우리 지역에 독거노인은 몇 명이나 있는지, 아동 폭력 사건 발생률은 어느 정도인지, 빈곤율이 높은 동네는 어디인지 등을 파악해야 한다. 교회가 사회복지 전문 기관도 아닌데 이런 식의 조사가 왜 필요한지 의아할 수도 있다. 그러나 교회야말로 지역의 문제와 고통에 대해 가장 잘 알고 있어야 한다. 복음을 전하는 손과 발에는 언제나 이웃에 대한 관심이 함께 동행해야 한다. 그러기 위해서는 우리 지역의 기독교 자선의 역사를 공부하는 것도 좋은 방법이 될 수 있다. 과거 우리 지역에서 선교사들과 교회들은 어떻게 자선을 실천해 왔는지를 알아보면 이 지역을 안고 계시는 하나님의 품이 느껴질 것이다. 자료가 부족할 때는 지역 어르신의 이야기를 직접 들어보는 것도 도움이 된다.

이렇게 자선을 제대로 실천을 위해서는 교회 안에 관련된 일들을 의결하는 조직이 절실해진다. 이 조직은 당회와의 연관성과 독립성을 동시에 가진 자선의결기능을 가져야 한다. 교회가 헌신할 사업을 선택하고 예산을 결정하며, 필요할 경우 교회 내 모금을 주도할 수 있도록 하는 등, 교회의 자선 실천에 필요한 전략을 수립하는 역할을 하는 것이다.

그리고 이 일을 우리 교회가 다 할 수 있는 일인지, 다른 교회들과 연합이 필요한 일인지, 혹은 전문가의 도움이 필요한 일인지를 고민해 보아야 한다. 자선에 있어서 연합의 힘은 매우 중요하다. 교회마다 각자 실천할 수 있는 힘을 키우고, 전략을 세우는 과정에서 발견된 지식과 통찰은 그 교회에만 머물러 있어서는 안 되며 한국 교회와 공유하는 지혜가 필요하다. 성찰의 과정은 어떠했는지, 어려움은 무엇이었는지, 그것을 어떻게 해결했는지, 이 모든 과정에서 얻은 경험과 지식, 시행착오, 성과를 한국 기독교 자선의 소중한 자산으로 함께 모아야 한다.

더 나아가 교회의 돌봄은 다른 단체들이 결코 흉내 낼 수 없는 아름다운 섬김의 기술이 있어야 한다. 예를 들어 교회가 지역에 있는 독거노인을 위해 반찬 배달을 한다고 할 때문고리에 반찬을 걸어 놓고 오는 정도의 일이라면 군이 교회가 해야 할 이유가 있을까? 이런 식의 돌봄은 지역 사회 복지관이나 반찬 업체에서 사회공헌 사업으로 진행하는 것이 더 효율적일지 모른다.

교회의 돌봄이란 독거노인의 집으로 들어가 손을 잡고 눈을 맞추며 서로의 이야기를 나누는 것이다. 즉 상대방의 일상과 공간으로 들어가 하나님의 형상과 온기를 같이 느끼며 친구가 되는 것이다. 교회는 이 어렵고도 아름다운 돌봄의 기술을 끊임없이 배우고 훈련해야 한다. 마더 테레사는 수많은 빈민을 직접 만나며 이렇게 고백했다. 세상에는 빵 한 조각 때문에 죽어 가는 사람이 많지만 작은 사랑조차 받지 못해 죽어 가는 사람이 더 많다고 말이다. 그래서 얼마나 더 많이 주느냐보다 얼마나 많은 사랑을 담느냐가 중요하다고 했다.

섬김에서 필요한 것은 우리의 마음에 얼마나 많은 그리스도의 사랑을 품고 있는가이다. 그 사랑이 넘쳐 그들에게로 흘러가야 한다. 이처럼 교회는 삶 속의 예배가 되도록 체계적인 자선 교육을 실시해야 한다. 많은 교회가 프로그램에 관심을 가졌던 것에 비해 성도 한 사람 한 사람에게는 얼마나 관심이 있었는지 한번 생각해 볼 때이다. 교회는 성도들이 그들의 일상 속에서 빛과 소금으로 존재하도록 계속해서 격려해야 한다.

자녀에게 자선의
영적 경험을 제공하라

기독교 자선이 선행에만 머무르지 않으려면 지속적인 동기부여와 건강한 자극이 필요하다. 성도 개개인이 일상 속 예배로서 자선에 자연스럽게 젖어드는 것만큼 강력한 열매는 없다. 교회의 자선 교육은 우선적으로 어른과 부모를 대상으로 실행하는 것이 좋다. 성숙하고 훈련된 어른들의 모습이 삶 속에서 다음세대에게 흘러 들어가야 한다.

특별히 자녀가 있는 가정에 몇 가지를 제안해 볼 수 있다. 첫째, 자녀에게 자선의 개념을 이해시킬 때 아이들이 일상에서 경험하고 있는 '정의와 공평'에 대한 개념에서 출발하도록 한다. 부모는 자녀가 "왜 형이 나보다 많이 가져요?" "왜 저 친구는 크리스마스에 선물을 못 받죠?" "왜 저 친구는 가난해요?" "왜 우리가 돈을 모아 저 사람을 도와야 하죠?" 같은 질문을 하기 시작할 때 기독교 자선의 본질에 입각해 대답할 수 있도록 준비되어 있어야 한다.

자녀가 저 사람은 왜 가난하느냐고 물어보는데 "너도 공부 안 하고 게으르게 살면 저렇게 되는 거야"라고 대답할 것인가, 아니면 "그들도 우리와 같이 따뜻한 집에서 맛있는 밥을 먹고 깨끗한 옷을 입어야 하는 하나님의 형상으로 태어났지만, 이 세상에는 하나님이 원치 않는 슬픈 일들이 일어난단다. 우리가 가진 것을 그들에게 나누면 그들이 원래 태어났던 목적대로 회복되는 데 조금이나마 도움이 될 거야"라고 대답해 줄 것인가. 어린 나이의 자녀가 이것이 하나님의 정의가 회복되는 일임을 이해하는 것은 어렵지만, 무엇인가 잘못된 것을 바로잡기 위해 내가 할 수 있는 일이 있음을 이해하는 것은 가능하다.

둘째, 자녀가 일상에서 나눔을 받는 경험이 중요하다. 자선에 관한 교육이 일상 속에 녹아들게 하는 것은 반드시 누군가를 돕는 것에만 국한되지는 않는다. 예를 들어 아이가 좋아하는 케이크의 마지막 한 조각을 주면서 "아빠가 너무 먹고 싶은 마지막 한 입인데 너에게 주는 거야"라고 하는 것, 귀한 손님이 왔을 때 정성껏 차린 음식과 신경 쓴 이부자리를 준비하는 모습을 보여 주는 것, 동생의 손에 쥐어진 장난감은 사실 형이 가장 아끼는 것인데 형이 양보해서 받게 되었음을 정확히 알려 주는 것 등을 통해 자녀는 자신이 이러한 나눔을 받는 것이 얼마나 행복하고 기쁜 일인지 경험하게 된다. 이런 과정을 통해 자녀는 누군가의 필요에 관심을 두고 그들을 돕는 것이 어떤 느낌인지를 이해할 수 있다.

셋째, 자선 저금통의 쓰임을 배우는 것이다. 유대인들이 가정에서 전통적으로 사용하는 체다카 교육은 '자선 저금통'을 만드는 것이다. 자선 저금통에는 세 가지의 중요한 점이 있다. 먼저 부모는 자녀에게 누군가를 돕기 위해서는 돈이 준비되어 있어야 한다는 것과 저축의 중요성을 알려 준다.

그다음 자녀의 관심 영역에 따라 누구를 돕고 싶은지, 어떤 영역에 도움을 주고 싶은지를 정해 저금통의 목적을 설정한다. 저금통은 자선단체에서 제공하는 것을 활용하기보다는 자녀가 가게에서 직접 고르거나 만든 저금통이어야 한다. 저금통은 내용물이 보이는 유리병이 좋으며, 자녀들이 스티커를 붙이거나 리본을 묶고 이름을 적는 등 미술 활동처럼 만들어 보는 것을 추천한다. 이 과정을 통해 부모가 시킨 것이 아닌 '나의 저금통'으로서의 의미가 생긴다.

자선 저금통이 가정의 문화가 되게 하려면 이것이 하나의 특별한 의식이 되도록 하는 것이 도움이 된다. 가령, 매주 일요일 저녁은 온 가족이 저금통에 돈을 넣고, 이 저금통으로 도움받을 사람들을 위해 기도하는 시간으로 보내는 것이다. 돈이 모이는 동안 부모는 자녀의 관심 영역과 저금통의 목적에 맞는 교회의 구제 사역이나 다양한 자선 단체들을 알아본다. 돈이 가득 차서 저금통을 열어야 하는 때가 오면 자녀에게 후원 기관을 선택할 수 있는 권한을 주고 돈을 셀 수 있는 권한도 준다. 자녀의 이름으로 후원금을 전달하도록 하면 자녀의 성취와 보람이 더욱 커질 것이다. 여기까지 하면 자선 저금통의 한 사이클이 끝난다. 이후 자녀에게 나눔을 실천할 또 다른 영역을 선택하게 하고 새로운 저금통을 준비하여 또 다른 사이클을 이어갈 수 있다.

다윗은 어려서부터 영적 경험을 쌓아 왔다. 어린 날의 신앙과 경험이 성인이 되어서도 그가 신앙 안에 성장하는 큰 울타리가 되는 것을 보게 된다. 이웃에 대한 마음과 그것을 통한 하나님의 마음을 품는 훈련은 우리 안에 가장 깊이 쌓여 가야 할 가치이다.

우리 가정에서도 자녀와 소통하며 각 가정만의 자선 전통을 만들어 보자. 집안마다 가풍이 있고 특색이 있듯이 이웃을 위한 우리 가정의 나눔의 전통이 있다는 것은 다른 가정에도 선한 영향력을 미칠 수 있다. 부모는 자녀가 타인을 사랑하는 방법과 태도를 배울 수 있는 모델이 되어 주어야 한다.

작은 것부터 시작해
일상의 습관이 되게 하자

나쁜 습관은 금방 몸에 익지만 좋은 습관은 익숙해지기가 쉽지 않다. 그러나 작심삼일도 계속 하다 보면 어느새 몸에 각인이 된다. 작은 일이라도 조금씩 자선이 일상에 뿌리내리도록 하는 것은 매우 중요하다.

일상적 실천이 없는 상태에서 시대의 문제를 껴안는 것은 어려운 일이다. 자선에 앞서 평소 성도들이 도움이 필요한 사람들에 대해 어떤 생각을 갖고 있는지, 나눔에 지출하는 비용은 어느 정도나 되는지, 평소 사회 문제에 얼마나 관심을 갖고 있는지 등 진지하게 생각해 볼 기회를 가져 보는 것이 좋겠다. 교회는 이런 것에 대해 공동체가 자유롭게 나누고 소통하도록 이끌어 주고 필요한 지식과 가치관이 형성될 수 있도록 돕는다. 무엇보다 가장 먼저 할 수 있는 것부터, 가장 작은 것부터 시작해 일상의 습관이 되는 자선 실천이 필요하다.

레위기 5장에는 각자의 형편에 따라 제사 지낼 제물의 종류를 다르게 하도록 안내한다. 또한 돌보아야 할 나그네의 한계를 정하는 것에도 상당히 주관적인 자유를 허락하고 있다. 즉, 누군가를 돕는다는 것은 정해진 기준이 없고 각자가 가진 믿음의 크기에 따라 하는 것임을 알 수 있다. 따라서 자선에 대해 나는 어디까지 함께할 것인지 자유로운 토론 속에 각자의 기준을 찾아가 보라.

하나님의 말씀은 결코 교회 안에만 머물러 있지 않고 온 세상을 향해 있다. 하나님은 아픔과 결핍이 있는 그곳에 헌신하는 성도들을 통해 하나님의 다스리심과 돌보심, 공급하심을 드러내신다. 그 일을 위해 하나님은 우리 모두에게 거룩한 부담과 사명감을 부어 주신다.

목사이자 작가인 정학진 목사의 시를 소개하고자 한다.

목사가 목사에게 - 정학진

모야모야병을 앓고 있는
15세 소녀의 투병기를 지켜보다가 울었다.
문득 건강한 것이 축복이 아니라 거룩한 부담이다.
사명임을 깨닫는다.

곰팡이 냄새나는 지하교회
서너 명 교인이 전부인 셋방 교회에서
월세 내는 날을 두려워하는 미자립 교회가 존재하는 한
더 이상 예쁜 건물은 축복이 아니다.
부담이다. 사명이다.

뼈까지 달라붙는
쇠꼬챙이같이 마른 몸을 하고
목마른 눈초리로 쳐다보는 아프리카 검은 대륙의 저 어린 것
들이 있는 한
하루 세 끼 따박따박 먹는 것은
더 이상 복이 아니다. 부끄러움이다.

잘 먹게 해 주셔서 감사하다고 기도할 일이 아니다.
날 먹게 되어 죄송하다고,
우리만 잘 먹는 게 못내 죄송하다고

내가 가진 걸 나눌 수 있는 용기를 달라고 기도해야 한다.

사랑하는 이를 잃고
가슴 아파 울고 있는 교우가 있는 한
더 이상 내 자식이 건강하게 자라는 게 복이 아니다.
남들보다 앞서고, 칭찬거리가 많은 게 자랑이 아니다.
입 다물고 겸손히 그분의 은혜를 기억해야 할 일이다.

우리에게 필요한 것은
충성이다

한 교회가 나서서 자선하는 방식으로는 기독교가 잃었던 리더십을 다시 회복하는 데 충분하지 않다. 기존의 사회복지의 관점을 넘어 성경이 말하는 체다카를 실현하는 접근법이 필요하다. 기독교가 다시 선한 사회적 영향력을 미칠 수 있는 힘을 길러야 한다.

교회의 시작은 오순절 마가의 다락방에서 성령을 체험한 사도들이 복음을 전하면서 시작되었다. 그것은 사람이 하는 일이 아니라 명확하게 하나님이 하시는 일이었다. 초대 교회는 사람들을 교회에 붙잡아 두기보다는 교회 밖으로 내보내기 위해 열심이었다. 사도행전에 기록된 마흔 번의 기적 중에서 서른아홉 번이 교회 밖에서 일어났다는 것은 참으로 놀라운 일이다. 이처럼 교회는 모이고 흩어지는 역사가 동시에 일어날 때 그 본질이 명확해진다. 교회가 하고 있는 일이 하나님의 일임을 확신할 수 있는 공동체여야 한다.

교회에는 생명을 살리는 역사가 일어나야 한다. 이 일을 위해 부르심을 받은 우리는 그 부르심에 응답해야 한다. 우리에게 필요한 것은 희생이 아니라 충성이다. 예수님이 처음 제자를 부르시던 장면을 떠올려 보라. 예수님은 성직자를 부르시지 않았다. 사람을 낚는 어부로 만드시고자 고기를 낚는 어부를 부르셨다. 주님이 이 땅의 교회를 통해 어떤 일을 하기 원하시는지, 그리고 그 교회의 공동체로 부르신 나를 통해 하고 싶으신 일은 무엇인지 생각해 보았으면 한다. 세상은 이제 복음을 들으려 하지 않고 눈으로 보기를 원한다. 그런데 섬김은 그리스도인들의 신앙을 성숙하게 만드는 것뿐 아니라, 하나님을 알지 못하는 사람들에게 복음을 선포하는 강력하면서도 자연스러운 표식이 된다.

월드비전의 스턴스는 14년동안 50여 개국을 다니면서 빈곤의 현장에서 희망의 부재를 목격했다고 말한다. 그들에게는 아무리 예수 그리스도의 복음을 전한다고 해도 당장의 배고픔이 더 큰 문제였다. 가난과 질병이 희망을 앗아갔기에 그렇다. 극심한 굶주림으로 온몸이 비틀린 아이에게 '예수님은 너를 사랑하신다'고 이야기하는 것은 위선에 지나지 않는다는 것이다. 이들에게는 한 끼 식사가 절박하다. 이 아이들이 바라는 삶은 끼니를 걱정하지 않아도 되는 평범한 하루다. 스턴스는 행동하지 않는 복음은 복음이 아니라고 말한다. 그는 이웃 사랑을 실천하는 것이야말로 복음을 전하는 가장 기본적인 방법이라고 역설한다. 이웃 사랑을 실천한다면 복음은 구구절절한 설명 없이도 전해진다고 말이다.

하나님이 우리에게 교회 공동체를 세워 주신 이유는 우리를 위해서 뿐만 아니라, 다른 사람들을 돌보도록 부르신 것이다. 기억할 것은 하나님은 우리를 위대한 일로 부르시는 것이 아니라 하나님의 일로 부르신다는 사실이다. 그리고 단순히 불쌍히 여기는 마음이 아니라, 하나님의 마음으로 그들을 보기를 원하신다. 그 하나님의 마음이 있는 곳에는 하나님의 역사가 일어난다.

나눔에 생명이 있다

지금까지 기독교 자선에 있어 우리는 무엇을 어떻게 실천할 것인가에 대해 이야기해 왔다. 그러나 우리가 무엇을 하느냐보다 더 중요한 것은 어떤 존재로 살아가느냐 하는 것이다. 예를 들어, 세계적인 재벌인 빌게이츠나 유명 대기업 회장들이 재단을 만들고 돈을 내놓는 일은 훌륭한 일이다. 그들이 내놓은 돈으로 누군가를 돕는 것도 물론 의미가 있다.

다만 돕는 데에서 더 나아가 그들의 삶과 가치관이 변화되면 훨씬 더 많은 사람을 도울 수 있다. 그것은 그들이 변화되었을 때 일어날 수 있는 선한 영향력 때문이다.

일명 '갓뚜기'라 불리며 소위 착한 기업으로 인정받고 있는 오뚜기의 창업주인 故함태호 회장 장례식에는 유독 어린 학생들이 많이 참석했다고 한다. 아이들은 선천성 심장병을 갖고 태어나 생사의 기로에 놓였던 적이 있었지만 함 회장이 수술비를 지원해 주어 다시 살아갈 수 있게 되었다. 한번 수술에 천만 원 이상이 드는 경우도 많고, 이런 수술을 여러 번 해야 하는 경우도 있다. 형편이 어려운 가정에서는 눈물로 아기를 포기하는 슬픈 사연들도 있었다. 이 사실을 알게 된 그는 세상을 떠날 때까지 5천여 명의 어린 생명에게 아낌없이 수술비를 지원해 주었다. 게다가 6백여 명의 불우한 학생들에게 수십억 원의 장학금을 전달했고 장애인 복지재단에 수백억 원의 주식을 기부한 것으로도 유명하다. 또한 석봉토스트 사장이 노숙인들과 어려운 이웃에게 하루 백여 개의 토스트를 무료로 나눠 준다는 이야기를 접하고 소스 재료를 10년 동안 무상 제공한 사실도 알려졌다. 특히 그는 사람을 비정규직으로는 쓰지 말라는 경영 철학을 가지고 있었다. 과거 비정규직 문제가 사회적인 문제로 대두된 적이 있었는데, 그때 그는 어느 직책도 중요하지 않은 자리는 없다고 말하며, 마트에서 시식을 담당하는 직원까지 정규직으로 채용하는 직장 경영을 추구하였다. 그뿐 아니라 재벌의 투명한 재산 상속을 시행함으로써 하나님의 사람이 어떻게 사회적 책임과 의무를 다할 수 있는지를 보여 주었다. 이에 대해 김동길 교수는 회고사에서 그를 그리스도의 복음이 만든 최상의 작품이라고 밝혔다.

함 회장의 삶은 그리스도인의 사회적 영향력이 어떠한 것이어야 하는지를 보여 준다. 자선을 행하는 일이 중요하지만 그 속에 하나님의 마음과 복음의 핵심이 들어 있어야 한다. 하나님이 기뻐하시는 자선이 되기 위해서는 'to do'의 문제가 아니라 철저하게 'to be'의 문제라는 것을 생각해야 한다.

자선을 통해 도움을 주는 이들은 하나님의 성품을 배우고 닮아 성숙하며, 도움을 받는 이들은 복음의 능력으로 새롭게 변화되는 것을 꿈꾼다. 이것이 아니면 돕는 자와 도움을 받는 자가 결코 만족할 수 없다. 왜냐하면 인간의 욕망과 이기심 속에서 이것은 결코 해결될 수 없는 문제이기 때문이다.

사회가 변하고 모든 체계가 재편되는 시대를 살고 있다. 이런 때에 교회 역시 이웃에게 다가가는 새로운 접근 방식이 필요하다. 이전에는 국가가 감당하지 못하는 복지의 사각지대를 교회가 감당하는 것이 중요했지만, 이제 금전적인 부분은 교회보다 나라가 훨씬 더 많은 힘을 가지고 있다. 그러므로 교회는 나라가 하지 못하는 일을 해야 한다. 그것은 곧 마음을 주는 것이며, 사람들의 생각을 바꾸는 일이다. 성경이 추구하는 정의를 실현하는 일이다.

릭 워렌은《목적이 이끄는 삶》에서 그리스도인이 선택해야 하는 것이 있다고 말한다. 그것은 세상적인(worldly) 그리스도인으로 살 것인지, 아니면 세계적인(world class) 그리스도인으로 살 것인지이다. 사실 이것은 선택의 문제가 아니라 삶의 변화에 대한 문제이다.

세상적인 그리스도인은 하나님의 일에는 관심이 없다. 그래서 하나님의 마음을 모른다. 교회를 다니면서도 끊임없이 자신의 욕망을 채우기에 바쁘다. 하나님이 택해 주셨지만 여전히 관심은 자기 자신이다. 교회에서도 인정을 받아야 하고, 공동체의 일도 맘에 들어야 한다. 자기가 좋아하는 일이 아니면 관심을 두지도 않고 참석하지도 않는다. 자신에게 도움이 되는 일에는 얼굴을 내밀지만, 헌신하고 희생하는 일에는 잘 보이지 않는다. 이렇게 자신이 우선이기 때문에 늘 '편안함'을 추구한다. 그래서 예수를 믿지만 삶은 잘 바뀌지 않는다. 언제나 자신이 가진 문제만으로도 버겁다고 생각하기 때문에 항상 세상의 유혹과 싸우며 대부분 패배자가 되어 주일에 교회를 찾아온다.

하지만 세계적인 그리스도인은 하나님께 부름을 받은 삶의 목적을 생각한다. 이들의 관심은 자신의 안위와 이익이 아니라, 하나님이 나를 어떻게 쓰실 것인가에 초점이 맞추어져 있다. 그리고 기꺼이 순종한다. 누가 나를 알아주는가의 관심보다는 하나님이 나를 쓰심에 대하여 흥분하는 사람이다. 이 두 그리스도인 중에서 나는 과연 어떤 길을 선택할 것인가?

다만 기억해야 할 것이 있다. 자신의 일에는 소홀하면서 온전히 남의 일에만 신경을 쓰는 것이 예수를 잘 믿는다는 뜻은 아니다. 자신을 돌아볼 뿐 아니라 다른 사람의 일도 돌아보라는 것이다. 성숙한 섬김은 그리스도인들이 마땅히 누려야 할 기쁨을 아는 것이다.

청빈과 나눔의 삶을 살았던 한국 교회의 큰 어른인 故한경직 목사가 남긴 유품은 만년에 타고 다니던 휠체어와 지팡이, 겨울 털모자, 입던 옷 몇 점, 그리고 손때 묻은 성경책이 다였다. 그는 1938년 철길에서 다리가 잘려 혼자가 된 여덟 살 소녀 복순이를 돌보기 시작하면서 신의주 보린원을 시작으로 모자원, 경로원 등을 설립해 고아와 노약자 등 가난한 이웃을 돌봤다. 특히 1950년 피어스 선교사와 함께 선명회(현 월드비전)를 공동 설립해 전쟁 미망인과 고아, 한센병 환자와 장애인 등을 도왔다.

그는 "나눔의 삶"이라는 설교에서 이스라엘에 있는 대표적인 두 바다를 예로 들어 나눔에 대해 설명했다. 바로 갈릴리해와 사해이다. 헐몬산에서 흘러나오는 물이 모이는 갈릴리해는 이스라엘 전 국토를 비옥하게 만들고 그 물을 사해로 흘려보낸다. 반면에 갈릴리해의 물이 모이는 사해는 물을 밖으로 전혀 내보내지 않는다. 사방으로 물을 나누어주는 갈릴리해는 물고기가 풍성한 생명의 바다로 알려져 있다. 그러나 물을 밖으로 내보내지 않는 사해는 물고기 한 마리 살지 않는 죽음의 바다가 되었다. 나누는 곳에는 생명이 있고, 흘려보내지 않는 곳에는 죽음이 있다는 것을 깨닫게 한다. 어떤 일을 하든지 하나님과 사람들 앞에서 신행일치(信行一致)의 삶을 살고자 했던 그는 유언으로 이런 말을 남겼다.

"인생길을 가면서 전도할 수 있으면 전도하고, 사랑을 베풀 수 있으면 베풀고, 도울 수 있으면 도와라. 무엇이든 좋은 사역을 할 수 있는 기회를 놓치지 말아라. 오늘 우리가 선한 씨를 많이 뿌린다면 다음 세대가 그 열매를 거두지 않겠는가. 한 세기 후에라도 거두지 않겠는가. 하늘나라에서도 거둘 것이다."

우리가 할 일은 열심히 선한 씨를 뿌리는 일이다. 할 수 있는 한 사랑하며, 할 수 있는 한 돕는 것이다. 혹여 그 열매를 내가 추수하지 못하더라도 누군가는 거둘 수 있게 될 테니 말이다.

이제는 달라져야 한다. 얼마나 수익을 냈는지, 수혜자는 몇 명이나 되었는지, 얼마나 참여하고, 어떤 사업을 했는지와 같은 성과 보고의 차원에서 벗어나, 열매를 바라보는 새로운 시선이 필요하다. 우리가 주목해야 할 것은 얼마나 하나님의 뜻을 따라 나아갔고 변화되었느냐이다. 그리고 그 사랑의 수고 속에 언제나 묵상해야 할 한 가지가 있다.

> 내가 내게 있는 모든 것으로 구제하고 또 내 몸을 불사르게 내줄지라도 사랑이 없으면 내게 아무 유익이 없느니라 고전 13:3

기독교 자선은 사랑이다. 그 사랑이 모든 것을 변화시킨다. 사람도 세상도 바꾸어 갈 수 있다. 그 사랑의 힘으로 나눔과 봉사를 넘어 사회 구조와 제도를 바꾸고 문화를 변혁하는 데까지 나아가야 한다. 이것이 기독교 자선이 만들어 갈 선한 영향력이다.

기독교 자선의 열매란 성도의 삶과 이 사회에 의미 있는 변화들이 일어나는 것이다. 이제는 한국 교회가 기독교 자선에 대해 깊은 성찰을 시작하며 자선을 실천할 힘을 점검해 볼 때이다. 자선을 통해 그리스도인의 정체성을 회복하고 하나님이 기뻐하시는 온전한 모습으로 세상을 회복시키는 역사야말로 교회가 다음 세대에 줄 수 있는 가장 큰 선물이다.

나눔과
적용

1. 교회가 사회 복지 전문기관도 아닌데, 이웃에 대한 광범위한 조사나 접근, 섬김 등이 필요할까요?

_____

2. 일반 사회복지 단체와는 달리 교회와 성도가 할 수 있는 특별한 돌봄의 기술과 방법이 있다면 무엇일까요?.

_____

3. 자녀에게 자선에 대해 어떻게 가르치고 있나요?

_____

4. 자녀와 함께하고 있는 나눔이 있나요? 나누는 과정에서 가정에 일어났던 일들이나 느낀 점이 있었다면 나누어 주세요.

_____

5. 우리 교회와 가정에 만들어 가고 싶은 자선의 전통이 있다면 어떤 것인가요?

_____

6. 환경이나 인권, 빈곤, 장애인 등 특별히 관심이 가는 자선의 영역이 있나요?

_____

7. 이 땅에서 이루어지길 소망하는 기독교 자선의 열매가 있다면 무엇인가요?

_____

• 자선에 관한 기도 제목을 적어 보세요.

• 가정에서 자선 통장이나 저금통을 만들어 보세요.

• 부록에 있는 자선에 관한 체크리스트를 작성하고 함께 나눠 보세요.

부록

자선에 관한
체크 리스트

가. 교회를 위한 체크리스트

영역	체크 항목	답변
성도의 성숙	우리 교회는 자선에 대한 설교를 얼마나 자주 하는가?	1) 연간 4회 이상 2) 연간 2회 이상 3) 연간 1회 정도
	구제 사역에 참여하는 봉사자들에게 자선 실천의 구체적인 태도와 방법에 대해 교육하고 있는가?	1) 봉사할 일과 더불어 어떤 태도와 표정, 자세로 임해야 하는지도 교육한다. 2) 주로 봉사할 일에 대해서만 교육한다. 3) 교육하지 않고 바로 일에 투입된다.
	구제 사역의 종류와 대상을 정할 때 무엇을 기준으로 하는가?	1) 지역 사회에 어떤 어려움이 있는지 간단하게라도 조사한 후 그에 맞춰 정한다. 2) (별도의 조사 없이) 몇 년간 해오던 사역을 그대로 유지한다. 3) 담임목사나 당회가 원하는 방향으로 결정한다.
	교회 안의 형편이 성도를 지원할 때 어떤 방식으로 하는가?	1) 대상자의 익명성 보장을 위해 가장 최소한의 사람만 알도록 신경 쓴다. 2) 대상자에 대해 구역장, 셀장, 여전도회장, 담당 교역자, 담당 장로, 담임목사 등이 두루 알고 있는 편이다. 3) 누가 도움을 받았는지 모든 성도들이 다 알고 있는 편이다.

시대의 분별	우리 지역에는 지역 사회 문제를 탐색하고 분석하기 위한 교회들의 연합 모임이나 플랫폼이 있는가?	1) 있으며 활발하게 운영되고 있다. 2) 있지만 활발하게 운영되지는 못하고 있다. 3) 없다.
	우리 교회는 초대 교회의 자선, 선교사들의 자선 등 기독교 자선의 역사에 대해 가르치는가?	1) 계획을 가지고 늘 가르치고 있다. 2) 미리 계획하지는 않지만 기회가 되면 연간 한두 번 정도는 가르친다. 3) 가르친 적이 없다.
지혜로운 실천	우리 지역 사회의 문제와 고통에 대해 잘 알고 있는가?	1) 매우 자세히 알고 있다. 2) 어느 정도 알고 있다. 3) 자세히 알아본 적이 없고 잘 모른다.
	교회의 구제 사역을 통해 지역 사회가 변화되고 있다고 느끼는가?	1) 구제 사역을 통해 대상자의 삶과 지역 사회에 어떤 변화가 있는지 정확히 알고 있다. 2) 도움 받는 사람들이 만족해 했으니 변화가 되었다고 봐도 무방할 것 같다. 3) 진지하게 생각해 본 적이 없다.
	지역 사회의 문제해결을 위해 지자체 혹은 다른 관련 기관들과 논의하거나 협력하고 있는가?	1) 지자체 및 관련 타 기관들과 종종 미팅을 갖고 협력을 위한 논의를 하고 있다. 2) 교회에서 필요가 발생할 때(가령, 교회의 구제 대상을 찾을 때) 지자체 및 타 기관과 협력하곤 한다. 3) 거의 협력하지 않으며 교회가 자체적으로 결정하고 진행한다.
	교회 연 예산의 몇 퍼센트가 자선 및 구제 사역에 배정되어 있는가?	1) 30퍼센트 이상 2) 10~20퍼센트 3) 10퍼센트 미만

	구제와 사회 문제 해결 등을 위해 교회가 지자체, 타 NGO, 사회적 기업 등 타 기관과 협력할 수 있다는 것에 대해 생각해 본 적이 있는가?	1) 기회만 있다면 적극적으로 협력하고 그들과 함께 교회의 사회적 역할을 찾아야 한다고 생각한다. 2) 협력은 필요하지만 개교회 나름대로의 우선순위에 따라 취사선택할 수 있다. 3) 협력 자체는 불필요하며 효과적이지 않다.
성숙의 방향	교회의 자선이 일회성으로 끝나는 것이 아니라, 대상자나 대상 지역 사회의 문제가 해결될 때까지 지속 가능하다고 생각하는가?	1) 가능하다고 생각하며 반드시 그렇게 해야 한다. 2) 바람일 뿐 현실적으로 장애물이 많으며 어려운 점이 많아 타협할 수밖에 없다. 3) 일회성 물품과 기부금 전달만으로도 충분하다.
	자선이 곧 하나님을 향한 예배이나 제사라는 것을 이해하고 있는가?	1) 잘 알고 이해하고 있다. 2) 막연히 알고 있었다. 3) 잘 몰랐고 처음 듣는 말이다.
	교회가 구제나 봉사 외에 법과 제도, 문화, 사회적 인식 등을 바꾸는 옹호 활동에도 관심이 있는가?	1) 관심이 많고 근본 원인을 해결하기 위한 사회 참여도 자선 실천의 한 방법이다. 2) 인지는 하고 있지만 관심을 갖고 찾아보거나 참여하지는 않는다. 3) 크게 관심이 없다.

나. 가정을 위한 체크리스트

영역	체크 항목	답 변
성도의 성숙	우리 가족은 자선과 구제에 대한 주제로 대화하는가?	1) 늘 중요한 대화 주제이다. 2) 가끔 기회가 생길 때 대화한다. 3) 이 주제로 거의 대화해 본 적이 없다.
	우리 가족이 공통적으로 관심을 갖고 기도하는 영역이 있는가? (환경, 인권, 빈곤 가정, 장애인 등)	1) 공통으로 관심 갖고 기도하는 영역이 있다. 2) 가족 구성원 각자에게는 있다. 3) 없다.
	(유자녀 가정) 자녀에게 자선과 구제를 해야 하는 이유에 대해 정확히 가르치고 있는가?	1) 자선과 구제에 대한 성경의 다양한 이야기, 예수님의 섬김 등 될 수 있는 한 구체적으로 가르쳤다. 2) 하나님이 기뻐하시는 일이라는 정도로만 가르쳤다. 3) 가르친 적이 없다.
	(유자녀 가정) 자녀에게 자선과 구제를 행하는 태도와 방법 등에 대해서 가르치고 있는가?	1) 상대방의 존엄함을 지켜주는 태도와 방법, 표정으로 실천해야 함을 가르쳤다. 2) 칭찬받거나 우쭐대기 위해 선행을 하면 안 된다는 정도는 가르쳤다. 3) 가르친 적이 없다.
시대의 분별	나눔 문화가 점점 성숙해져가는 요즘 시대에 교회와 그리스도인의 자선 실천은 어떠해야 하는가?	1) 타 종교인이나 타 기관보다 자선과 구제에 더 진지해야 한다고 생각한다. 2) 해도 되고 안 해도 되는 선택의 문제이다. 3) 관심이 없다.

지혜로운 실천	헌금을 제외하고 가정 수입의 몇 퍼센트를 자선 실천에 사용하고 있는가?	1) 10퍼센트 이상 2) 5~10퍼센트 3) 5퍼센트 미만
	구제, 기부, 봉사 등의 주제로 가족과 논의하는 횟수는 연간 몇 번 정도인가?	1) 연간 3회 이상 2) 연간 1~2회 3) 거의 없다.
	가정에 자선 통장이나 자선 저금통이 있는가?	1) 있다 2) 없다
성숙의 방향	가정에서 기부나 봉사를 결정하기 위해 다양한 비영리 단체를 조사해 본 적이 있는가?	1) 있다 2) 없다
	내가 남길 유산 중의 일부를 기부하는 것에 대해 어떻게 생각하는가?	1) 꼭 그렇게 할 것이다. 2) 마음은 하고 싶지만 상황이 어떻게 될지 모르고 확신이 잘 안 선다. 3) 하지 않아도 된다.
	자선이 곧 하나님을 향한 예배이나 제사라는 것을 이해하고 있는가?	1) 잘 알고 이해하고 있다. 2) 막연히 알고 있다. 3) 잘 몰랐고 처음 듣는 말이다.
	기부나 봉사 외에 법과 제도, 문화, 사회적 인식 등을 바꾸는 옹호 활동에도 관심이 있는가?	1) 관심이 많고 근본 원인을 해결하기 위한 사회 참여도 자선 실천의 한 방법이라고 생각한다. 2) 인지는 하고 있지만 관심을 갖고 찾아보거나 참여하지는 않는다. 3) 크게 관심이 없다.

다. 개인을 위한 체크리스트

영역	체크 항목	답변
성도의 성숙	자선 실천의 동기는 무엇인가?	1) 그리스도인의 책임과 사랑 2) 죄책감 3) 동정심과 불쌍한 마음
	성경에 기반한 자선의 본질과 실천 방법에 대해 교육을 받거나 배워본 적이 있는가?	1) 성경 공부, 세미나 등을 통해 체계적으로 배웠다. 2) 교회에서 연간 한두 번 정도 관련 설교를 들었다. 3) 전혀 없다.
	자선은 그리스도인의 정체성과 관련이 있는가?	1) 매우 밀접히 관련되어 있고 그리스도인의 존재 이유이다. 2) 자세히 모르지만 관련 있는 것 같다. 3) 관련 없다.
시대의 분별	가난하고 억압받는 사람들을 위해 기도하는가?	1) 개인 기도 시간에 항상 포함한다. 2) 가끔 생각날 때 기도한다. 3) 기도하지 않는다.
	도움이 필요한 누구가를 위해 내 돈과 시간을 쓰는 것은 어떤 기분인가?	1) 내 돈과 시간을 써야 하는 이유를 정확히 알고 있고, 의지적으로 그렇게 하려고 노력한다. 2) 내키지 않고 가끔 아깝다는 생각도 들지만 안 하면 죄책감이 들어 그냥 한다. 3) 별로 쓰고 싶지 않다.

지혜로운 실천	헌금을 제외하고 총 수입의 몇 퍼센트를 자선 실천에 사용하고 있는가?	1) 30퍼센트 이상 2) 10~20퍼센트 3) 10퍼센트 이내
성숙의 방향	나는 자선 범위를 어느 정도로 생각하고 있는가?ㅈ	1) 빈곤과 억압으로 고통받고 소외되는 지인과 불특정 타인을 돕는 것뿐만 아니라 이들을 위한 사회 제도와 문화를 바꾸는 것까지 포함한다. 2) 고통받고 소외된 지인과 불특정 타인을 위한 기부와 봉사까지 포함한다. 3) 경제적으로 어려운 '지인'을 위해 기부하고 봉사하는 것까지 포함한다.
	나의 기부나 봉사가 얼마나 지속 가능할지 고민하는가?	1) 기부나 봉사가 되도록 오랫동안 유지될 수 있도록 애쓴다. 2) 상황에 따라 기부나 봉사를 쉽게 중단한다. 3) 일회적인 기부나 봉사도 의미가 있으므로 지속가능성은 크게 개의치 않는다.
	자선이 곧 하나님을 향한 예배이나 제사라는 것을 이해하고 있는가?	1) 잘 알고 이해하고 있다. 2) 막연히 알고 있었다. 3) 잘 몰랐고 처음 듣는 말이다.
	구제나 봉사 외에 법과 제도, 문화, 사회적 인식 등을 바꾸는 옹호 활동에도 관심이 있는가?	1) 관심이 많고 근본적인 원인을 해결하기 위한 사회 참여도 자선 실천의 한 방법이다. 2) 인지는 하고 있지만 관심을 갖고 찾아보거나 참여하지는 않는다. 3) 크게 관심이 없다.